Ich schenk dir eine Geschichte '98
Geschichten vom Reisen auf Schienen

Wir danken den Autorinnen und Autoren sowie den Verlagen, die ihren Leserinnen und Lesern diese Geschichten geschenkt haben.

Wir danken folgenden Firmen, mit deren freundlicher Unterstützung dieses Buch ermöglicht wurde:

Mochenwangen Papier (Textpapier)
Tullis Russel Company, Schottland (Umschlagkarton)
Uhl + Massopust, Aalen (Satz)
Repro Stegmüller, München (Umschlagrepro)
Elsnerdruck GmbH, Berlin (Druck/Bindung)
VVA Vereinigte Verlagsauslieferungen, Gütersloh

Ich schenk dir eine Geschichte '98

Geschichten vom Reisen auf Schienen

Herausgegeben von der
Verlagsgruppe Bertelsmann
und der Deutschen Bahn,
Partner der Stiftung Lesen

Band 20600

Der Taschenbuchverlag
für Kinder und Jugendliche
von C. Bertelsmann,
München

Umwelthinweis:
Dieses Buch wurde auf chlorfrei gebleichtem
Papier gedruckt.

Einmalige Sonderausgabe April 1998
Gesetzt nach den Regeln der Rechtschreibreform
© 1998 C. Bertelsmann Jugendbuch
Verlag GmbH, München
Das Copyright © für die einzelnen Geschichten
befindet sich jeweils am Ende.
Alle Rechte dieser Ausgabe vorbehalten
Umschlagbild: Rotraut Susanne Berner
Umschlagkonzeption: Klaus Renner
kk · Herstellung: Stefan Hansen
Satz: Uhl + Massopust, Aalen
Druck: Elsnerdruck, Berlin
ISBN 3-570-20600-9
Printed in Germany

Vorwort

Mit sechsundzwanzig Buchstaben auf Weltreise

»Das grenzenloseste aller Abenteuer meiner Kindheit war das Leseabenteuer«, sagt Astrid Lindgren – und appelliert damit an alle Eltern, ihren Kindern den grenzenlosen Abenteuerspielplatz der Bücher aufzuschließen. Kinder – das wissen die Autorinnen und Autoren der Geschichten in diesem Buch – werden groß, indem sie mit ihrer Phantasie auf Reisen gehen und die Welt entdecken.

Dieses Buch erzählt von abenteuerlichen Reisetagen und -nächten in der Absicht, Leserinnen und Leser zu weiteren Lesereisen anzustiften. Der »Welttag des Buches«, zu dem die UNESCO den 23. April erklärt hat, ist zum zweiten Mal willkommener Anlass, daran zu erinnern, dass die schönsten Abenteuer im Kopf stattfinden: Aus sechsundzwanzig Buchstaben entstehen beim Lesen Welten.

Siebzehn Schriftstellerinnen und Schriftsteller, deren Bücher in vielen Sprachen verbreitet sind, verschenken diesmal Geschichten vom Reisen auf Schienen an Kinder und Jugendliche. Stiftung Lesen, Deutsche Bahn AG und Bertelsmann Buch AG laden damit zugleich zu einem Geschichtenerfinderwettbewerb rund um Lesen und Reisen in Schulen ein, der am Schluss dieses Buches beschrieben ist.

Gemeinsam mit dem Buchhandel, der diesen kleinen Reiseführer ins Land der Phantasie am Welttag des Buches 1998 verschenkt, sind wir davon überzeugt, dass Lesesucht und Reisefieber im digitalen Zeitalter keineswegs ausgestorben sind. Wir wünschen Kindern, Eltern, Lehrerinnen und Lehrern ein lesefreudiges Jahr – bis zum Welttag des Buches 1999.

Dr. Heinz Dürr
Vorstandsvorsitzender
der Stiftung Lesen

Dr. Johannes Ludewig
Vorstandsvorsitzender
der Deutschen Bahn AG

Frank Wössner
Vorstandsvorsitzender
der Bertelsmann Buch AG

Inhalt

Joan Aiken *Spielland-Express*	9
Ilse Behl *Ein Zug fährt ab*	20
Peter Bichsel *Der Mann mit dem Gedächtnis*	29
Enid Blyton *Der Geisterzug*	35
Manfred Boden *Die nächtliche Reise*	41
Michael Ende *Jim Knopf, Lukas und die Lokomotive Emma*	45
David Grossman *Eine Kutsche mit eintausendsechshundertundfuffzig Pferden*	54

Karl-Heinz Jakobs 63
Die Räuber gehen baden

Erich Kästner 67
Ein Traum, in dem viel gerannt wird

Gunnel Linde 75
Das Glück beginnt

Saki 81
Die verirrte Maus

Colin Thiele 89
In der Falle

Jules Verne 97
Können Züge fliegen?

Henry Winterfeld 107
Die Eisenbahn im Land der kleinen Menschen

Joan Aiken

Spielland-Express

London, Ende des vorigen Jahrhunderts. Immer mehr Kinder verschwinden aus der Stadt. Niemand weiß, warum, niemand weiß, wohin. Ob ihr Verschwinden mit dem geheimnisvollen S<small>PIELLAND</small>-E<small>XPRESS</small> zusammenhängt, der angeblich einmal im Monat in ein Kinderparadies fährt? Isa Twite, selbst noch ein Kind, aber unerschrocken und nicht so leicht in die Tasche zu stecken, beschließt, der Sache auf den Grund zu gehen. Immerhin ist unter den Vermissten auch David Stuart, der Sohn des Königs.

Ein Zug streckte sich wie eine riesige rot-goldene Schlange an einer Seite der Halle bis weit in die Schatten am anderen Ende. Überall auf den Wagenseiten standen die Worte S<small>PIELLAND</small>-E<small>XPRESS</small>. Zwei riesige Lokomotiven, eine vorn und eine hinten, stießen heftige Pfiffe, zischenden Dampf und gelben Rauch aus.

Männer in roten Jacken beruhigten die Kinder, führten sie zum Zug und geleiteten sie hinein.

»Es gibt *ge-nug* Platz für alle – nicht drängeln –

bitte weitergehen – auf dem Bahnsteig verteilen, bitte sehr. Nicht drängeln, nicht schubsen, es gibt *ge-nug* Sitzplätze für alle. Immer mit der Ruhe! Immer mit Geduld!«

Isa blieb vorsichtig am hinteren Ende des Bahnsteigs zurück. Wenn sie erst mal im Zug war, konnte sie unmöglich eine Nachricht zurückschicken.

Sie schaute sich um, doch der Eingang, durch den sie gekommen war, war schon geschlossen.

Einer der Männer schlug eine Tür zu, schloss sie ab und steckte den Schlüssel in die Tasche seiner roten Jacke.

Isa lief zu ihm und sagte flehend: »Mister. Hört zu. Ich habe auf meinen Bruder gewartet. Er ist noch nicht gekommen. Könntet Ihr ihm eine Nachricht bringen? Damit er weiß, dass ich vorausgefahren bin?«

Er sagte: »Das geht nicht, Kind. Das würde so viel kosten, wie ich wert bin. Ich will dich nicht anlügen; ich darf das nicht machen. Dein Bruder kann nächsten Monat nachkommen.«

Erschrocken starrte sie ihn an. Er war blass und hager und hatte schwarze Ringe unter den Augen. Wie ein Bild von einem Affen, dachte Isa. In seiner roten Jacke sieht er genauso aus wie die Spielzeugaffen, die Penny macht.

»Steig jetzt lieber schnell ein, Kleine«, sagte der Mann rau. »In einer Minute fahren wir ab.«

Sie ging gelassen zum Ende des Zuges, wo die zweite große Lokomotive dampfte und zischte. Noch nie hatte Isa eine so große Maschine gesehen. Zwei Fahrer waren darauf, sie unterhielten sich auf dem Führerstand; der eine war klein, hatte ein steifes Bein und nur ein Auge, der andere war groß und rothaarig. Sie trugen Kittel und schwarze Samtmützen. Einer hielt etwas im Arm.

Direkt hinter der Lokomotive gab es einen einzigen Güterwagen. Was sie darin wohl beförderten? Männer zogen Gepäckwagen mit Säcken über den Bahnsteig und warfen die Säcke durch die offenen Türen hinein.

Einer der Gepäckwagen rollte kreischend und klappernd über den steingepflasterten Boden auf Isa zu. Überrascht sah sie, wie eine kleine gelbe Katze in ihre Richtung lief, sichtlich verängstigt durch all den Lärm und Trubel. Um Haaresbreite entging sie den Eisenrädern des Gepäckwagens und rannte auf Isa zu. Instinktiv kniete sie sich hin und nahm das Tier auf den Arm. Entsetzt klammerte es sich mit allen Klauen an sie. Isa spürte, wie das winzige Herz gegen ihr eigenes schlug. Es war noch ein Kätzchen mit weichem, gelb-braunem Pelz, so dick wie Lammfell.

Isa dachte an Figgin und hielt das Kätzchen beruhigend in den Armen. Dann schaute sie sich um, ob der Besitzer vielleicht unter den Kindern war, die gerade in den Zug stiegen. Ihre Stimmen schallten aus allen Richtungen:

»Kümmer dich um dich selbst, Trampel, drängel nicht so! – He, du kannst es wohl nicht abwarten, bis du im Zug bist, was? – Glaubst du, sie geben uns Abendessen? Oder Frühstück? Ich hab vielleicht einen Kohldampf! – Wie lange dauert es, bis wir dort sind? – Mama, Mama, ich will nicht mit, ich will nach Hause, ich will zu meiner Mama! – Sei doch kein Heulbaby, du weißt genau, dass Mama uns zu Hause nicht haben will. Und jetzt, wo du davongelaufen bist, kannst du nicht mehr in die Werkstatt, Mrs. Poss würde dich totschlagen.«

In all dem Lärm und Geschrei fühlte sich Isa, die an Menschenmengen nicht gewöhnt war, sehr einsam.

»Dich mag ich lieber als sie alle«, sagte sie zu dem gelb-braunen Kätzchen und sah sich immer noch nach dem Besitzer um. »Wem gehörst du denn?«

»He du, Mädchen!«, rief eine raue Stimme hinter ihr. »Das ist mein Ginger, den du da hast.«

Sie drehte sich um und sah, wie einer der Männer vom Führerstand der Lokomotive heruntersprang. Es war der große Rothaarige. Mit finsterem Gesicht kam er auf sie zu.

»Das Kätzchen gehört Euch?«, fragte Isa misstrauisch und drückte das kleine Tier immer noch beschützend an sich. Doch da gab es keinen Zweifel – sobald das Kätzchen den Rothaarigen sah, begrüßte es ihn freudig, sprang ihm auf die Schulter und schlüpfte dann an seinen gewohnten Platz, in eine Innentasche seiner schwarzen Jacke.

»Wenn es Euch gehört, solltet Ihr besser darauf aufpassen, Mister!«, fuhr Isa ihn an. »Dieser Gepäckwagen hat es beinah überfahren.«

»Bei dem Gedränge hat ein Kind ihn mir von der Schulter gestoßen. Ich hab ihn gerade gesucht. Überhaupt solltest du jetzt einsteigen. Wir fahren gleich los.« Nach einem Augenblick fügte er leise hinzu: »Und danke, Kind. Ich möchte Ginger nicht verlieren, er bringt mir Glück. Und er hätte sich bestimmt nicht zu jedem geflüchtet so wie zu dir...« Dabei schaute er sich vorsichtig um, als wollte er sich überzeugen, dass niemand sie hören konnte.

»Ich habe auch einen Kater, er heißt Figgin«, sagte Isa. Und dann, als sie auf das Trittbrett des letzten Wagens vor dem Güterwagen stieg, drehte sie sich um und fragte: »He, Mister, fahrt Ihr auf diesem Zug hin und zurück? Kann ich Euch was mitgeben – eine Nachricht – wegen *meinem* Kater?«

Rasch und heftig schüttelte er den Kopf, dann beugte er sich zu ihr und murmelte, während er immer noch unruhig um sich blickte: »Das geht nicht, Kind. Überall sind Spitzel. Der Einzige, der mal eine Nachricht mitgenommen hat, ist bei der Fahrt über die Wash-Brücke vom Führerstand gefallen – und das war sein Ende. So was mach ich nicht, Kind, verstehst du?«

Schnell ging er weg, zur Lokomotive und seinem einäugigen Kollegen.

Sehr nachdenklich stieg Isa in den Zug. Die Wagen waren innen im gleichen Stil wie die Bahnsteighalle ausgemalt – in grellen Rot-, Blau-, Gelb- und Grüntönen, mit Bildern von Palmen im Wind, glänzenden tropischen Früchten, goldenen Kronen und Schmetterlingen.

Ihr seid auf dem Weg ins Spielland, stand auf einem Schild. Es gab Messingbeschläge und Lampen mit rosa Schirmen und die Sitze in einander gegenüberliegenden Reihen, durch die in der Mitte ein Gang führte, waren mit rotem Tuch bezogen. Auf dem Boden lag ein sehr abgetragener, fettfleckiger roter Orientteppich. Isa war noch nie zuvor in einem Zug gefahren; sie hatte noch nicht mal einen gesehen und fand daher alles sehr bemerkenswert.

»Warum gibt es keine Fenster?«, fragte sie einen Mann in roter Jacke, der nachschaute, ob alle einen Sitzplatz hatten.

»Also«, er sah überrascht aus, als ob noch nie jemand so etwas gefragt hätte, »das ist, weil – das heißt – dieser Zug fährt nur nachts – bei Dunkelheit – also braucht man keine Fenster.« Und er ging rasch weiter.

»Wie lange dauert die Reise?«, rief sie ihm nach, bekam aber keine Antwort.

Isa fand einen leeren Platz neben einem ärmlich gekleideten Mädchen mit blonden Haaren und schmutzigem Gesicht, das hübsch aussah und zugleich durchtrieben und dumm wirkte. Sie kicherte und alberte gerade mit zwei Jungen herum, die auf den Plätzen gegenüber saßen.

»Wie heißt du?«, fragte sie Isa.

»Isa.«

»Isa? Das ist ein komischer Name. Ich heiße Mary-Ann. Wo hast du gearbeitet? Woher kommst du?«

»Blackheath.« Isa überhörte die erste Frage.

»Blackheath? Ich war noch nie südlich vom Fluss«, sagte Mary-Ann, als sei das eine Tugend. »Ich war Lehrling bei einer Hutmacherin in Spitalfields. Meine Ma hat mich dort hingegeben, wie ich sechs war, weil wir daheim zehn sind. Wir haben schrecklich lange arbeiten müssen, das kann ich dir sagen. Um acht ging's los und die meisten Nächte sind wir vor zwei oder drei nicht fertig geworden. Stich-und-Stich-und-Stich-und-Stich den lieben langen Tag, dabei nur Brot und Kartoffeln zu essen, und davon nicht viel. Deshalb bin ich davongelaufen. Wie hast du vom Spielland gehört?«

»Von einem Mann auf der Straße.«

»Mir hat eins von den Mädchen davon erzählt. Sie

sagt, es ist erstklassig dort. Den ganzen Tag zu essen, was du willst, nur Arbeit, wenn du Lust dazu hast, und jeden Abend Tanz und Spaß und jedes Mädchen hat ihr eigenes Zimmer mit einem eigenen Bett. Oooh! Ich kann es gar nicht abwarten, bis wir dort sind.«

Sie schlang die Arme um den Oberkörper und rutschte vergnügt auf ihrem Sitz herum.

»Was ist mit dem Mädchen, das dir das alles erzählt hat?«

»Susie? Die ist vor drei Wochen gefahren, ich hab sie nicht mehr gesehen.«

»Wenn im Spielland niemand arbeitet, der keine Lust dazu hat«, sagte Isa zweifelnd, »wie funktioniert dann das Leben dort?«

Mary-Ann schaute sie mit großen Augen an. »Weiß ich doch nicht! Über so was zerbrech ich mir nicht den Kopf.« Und sie warf den blonden Kopf zurück, der tatsächlich nicht aussah, als wäre er sehr belastbar. Sie fing den Blick des Jungen gegenüber auf, grinste ihn an und sagte: »Wie heißt du? Ich heiße Mary-Ann.«

»Abel«, sagte er. »Und mein Freund heißt Todd.«

Mit einem kleinen Ruck fuhr der Zug an. Sobald er in Fahrt war, machte er bis auf das regelmäßige Geräusch der Lokomotiven erstaunlich wenig Lärm.

»Leise, was?«, sagte Isa.

»Weil die Räder in Filz gewickelt sind.« Abel nickte fachmännisch. »Ich hab's beim Einsteigen gesehen. Und es heißt, der Zug fährt meistens unter der Erde oder jedenfalls in einem tiefen Graben. So kann man ihn nicht sehen, kapiert? Es ist ein Geheimzug.«

»Wie oft fährt er?«, fragte Isa.

»Einmal im Monat, hat Susie gesagt«, antwortete Mary-Ann. »Immer die Nacht vor Neumond. Ich hab mir gleich gedacht, dass sie Recht hat. Und wie die alte Ma Walters mich gestern Abend verprügelt hat, weil der rosa Filz verkrumpelt war, hab ich mir vorgenommen, ich hau ab, sobald ich kann. Heute hat sie mich losgeschickt, noch mehr rosa Filz kaufen, also hab ich einfach die vier Pennys eingesteckt und bin auf und davon.« Sie kicherte. »Ich wette, wenn Schnüffler den Zug durchsuchen würden, käme 'ne Menge Geklautes zusammen.«

Die Jungen nickten.

»Ich bin aus einer Kerzenfabrik davongelaufen«, sagte Abel. Er zeigte ihnen eine Tüte mit dicken Wachskerzen.

»Wer soll die denn im Spielland brauchen?«, fragte Mary-Ann spöttisch.

»Oh, man kann nie wissen. Bestimmt wird es dort dunkel wie anderswo auch.«

»Ach, du! Du hältst dich wohl für mächtig gescheit, was?« Mary-Ann und die Jungen fingen an viele Witze zu erzählen, die Isa, an solche Gespräche nicht gewöhnt, wenig interessant fand. Gelangweilt suchte sie sich einen freien Platz auf der anderen Seite des Ganges. Mary-Ann forderte Abel gerade auf, sich neben sie zu setzen; sie würde Isa bestimmt nicht vermissen.

Isa gegenüber saßen jetzt zwei Mädchen, die jünger waren als sie; die eine vielleicht acht, die andere neun. Beide hatten das gleiche Gesicht mit spitzem Kinn, dreieckigem Mund und einer niedlichen kleinen Nase, aber Augen- und Haarfarbe waren völlig verschieden: Die Größere hatte dichtes schwarzes Haar und braune Augen, die Kleinere war rothaarig und blauäugig.

»Seid ihr Schwestern?«, fragte Isa. Sie nickten schüchtern.

»Wieso seid ihr dann so verschieden?«

»Wir haben dieselbe Ma«, sagte die Ältere, »aber verschiedene Pas. Mein Pa ist gestorben und Ma hat wieder geheiratet. Ich bin Tess und das ist Ciss.«

»Und mein Pa behandelt Tess immer ganz gemein«, erklärte die jüngere Schwester. »Er haut sie die ganze Zeit und will, dass Ma ihr nicht genug zu essen gibt, und sagt, er schickt sie ins Waisenhaus. Deshalb sind wir abgehauen.«

»Aber Ma weint bestimmt.« Tess sah ganz unglücklich aus. »Wir haben ihr geholfen und auf die Kleinen aufgepasst.«

»Wir schreiben ihr einen Brief, wenn wir im Spielland sind«, tröstete Ciss. »Wenn sie weiß, dass wir es dort richtig gut haben, ist sie nicht so traurig.«

Die beiden Mädchen umarmten sich voller Vorfreude.

Joan Aiken, *SPIELLAND-EXPRESS* / in: Joan Aiken, Die Kinder von Holderness. Aus dem Englischen von Irmela Brender.
© 1994 Verlag Friedrich Oetinger, Hamburg

Ilse Behl

Ein Zug fährt ab

Zwei am Bahnhof, Mutter und ich.

Wir zwei in der Warteschlange, wo es eng ist und nicht vorangeht. Mutter wird nervös vom Warten. Verschenkte Zeit! Sie zerrt sich den Schal vom Hals. Draußen ist es so kalt wie noch nie. Hier drin herrscht regelrecht Hitze. Tausend Leute verreisen kurz nach Weihnachten. Mehrere Menschenschlangen wollen Fahrkarten, Reservierungen, Informationen oder: Karten zurückgeben – wie wir. Unsere Schlange bewegt sich nicht.

»Hier«, sagt Mutter, »halt mal, ich lauf eben in den Buchladen rüber!« Sie drückt mir Schal und Einkaufstasche in die Hand. Ja, die Einkaufstasche statt eines Koffers. Und mein Vater fehlt genauso wie der Koffer! Seit vorgestern ist er überhaupt nicht aufgetaucht. »Er will noch Sachen wegarbeiten, bevor das neue Jahr anfängt«, sagte Mutter zuerst. Und nun?

Aus unserer Reise wird nichts. Weihnachten hat es dicke Luft gegeben wie jedes Jahr, aber diesmal war die Luft oberdick; zum Schluss wurde nicht mehr geredet. Und das ist Weihnachten? »So geht nichts mehr, vielleicht können wir in der Osterwoche fahren, irgendwohin? Es muss ja nicht Venedig sein.« Mutter drehte sich mit dem Taschentuch zur Seite. »Vielleicht wäre es noch möglich gewesen, wenn er diesen Termin nicht gehabt hätte. Dein Vater hat sehr viel zu tun, weißt du?«

Hinter den Computertischen, an denen lauter Supermänner mit Krawatten und frischen Haarschnitten sitzen, läuft ein stark vergrößertes Foto des Bahnhofsvorplatzes entlang, fast lebensgroß. Ich kneife die Augen zusammen. In dem dunklen Menschengewimmel könnte ich sein: Ja, der oder der, ah, da ist einer mit Rucksack, das könnte ich sein.

Ich gehe jetzt durch die Glastür, nehme die Treppe mit wenigen Schritten, bin oben, suche den Bahnsteig. Da kommt der Zug: einsteigen und weg... Sonne und Wasser, braten und schwimmen, nichts denken, alles laufen lassen, wie es will, vielleicht eine Überraschung erleben, irgendeine, was märchenhaft Schönes...

Steht die Schlange immer noch am alten Fleck? Das Hindernis bilden zwei blonde Mädchen mit verschieden langen Haaren, unglaublich, solche Haare, aber was hat das mit den Fahrkarten zu tun? Die beiden Mädchen haben sich über den Schalter gehängt, als wollten sie dem Beamten an den Kragen; ihre Mäntel haben sie achtlos über ihre Taschen geworfen. Sie lachen hemmungslos. Inzwischen hat die eine den Arm um die andere gelegt. Sind wir hier im Park? Oder was? Das gibt es nicht! In mir quillt ein bekanntes Neidgefühl auf. Was andere einfach machen, ganz einfach.

Ich klemme die Einkaufstasche so zwischen meine Unterschenkel, dass sie den schmutzigen Boden nicht berührt. Den Schal schlage ich über die Schulter. Endlich sind die Hände in der Hosentasche. Da sind sie am liebsten. Was kümmern mich die Mädchen?

Wieder das Bild des Bahnhofs. Den Mann mit dem Rucksack kann ich nicht entdecken. Wo ist er denn? Abgefahren, was? Ich stoße ein Lachen aus. Mein Vordermann dreht sich um. »Häm«, räuspere ich mich. Was bin ich bloß für ein Würstchen! Ich bleibe zurück, wä hrend andere fahren. Die Eltern denken sich was aus, man freut sich. Dann fegt ein Streit durchs Haus und was bleibt? Nichts. Man wird nicht gefragt! Warte, Mutter!

Sie nähert sich, kommt, nimmt mir Tasche und Schal ab, die Mädchen sind fertig, ziehen sich kichernd ihre Mäntel an, die Schlange rückt schneller vor, wir geben die Karten zurück und bekommen das volle

Geld ausgezahlt. Nun soll eingekauft werden, so richtig reichlich. Was wünschst du dir? Sie zieht mich zum Ausgang. Ich stemme mich immer mehr gegen ihren Arm wie ein störrischer Esel.

»Nein«, sage ich, »nein, ich will nicht!« Und stehe da mit schräg nach unten gerichtetem Blick. Ich bin von meiner eigenen Reaktion überrascht. Etwas Neues bahnt sich an. »Ich will wissen, was los ist, warum redet ihr nicht richtig mit mir? Bin ich denn der Dummjahn, den man komisch behandelt? Weißt du, wie ich mir vorkomme?«, frage ich und versuche nachzudenken. In der Aufregung fällt mir nichts anderes ein als: »Wie ein Esel komme ich mir vor!« Ich höre »Pscht!«, aber es interessiert mich nicht, ich könnte den ganzen Bahnhof zusammenschreien. »Sag, was gespielt wird, auf der Stelle, ich rühr mich nicht vom Fleck, und wenn ich anwachse! Basta! Ich will den wahren Grund wissen, warum wir nicht fahren!«

Sie sieht mich verblüfft an, meine Mutter. Nach einer Weile fummelt sie ihre Zigaretten aus der Einkaufstasche und zündet sich im Stehen eine an. Ich hasse so etwas. Das hat keine Art. Pfeile schießen aus meinem Innern heraus. Es fühlt sich hart an. Unwillkürlich fällt mir das Bruchstück eines Satzes ein: »Er hatte ein hartes Leben...«

Die Leute fluten an uns vorbei. »Sag was!«, dränge

ich. Sie stößt den Rauch aus, als kochte sie innerlich, aber meine Mutter ist ein ruhiges Haus, darum ist ja alles so verteufelt schwierig. »Also los ins Bahnhofscafé!«, sagt sie und zieht mich nun in die andere Richtung. Ich beiße die Zähne zusammen. Mir ist zum Heulen. Nach langer Zeit bin ich wieder richtig wild geworden, aber weinen werde ich nicht.

Im Café sucht sie schnell einen Tisch mit zwei Plätzen, bestellt Kuchen, einen Kaffee, einen Kakao und setzt sich. Der Kakao soll für das Kind sein, das ich nicht mehr bin. »Ich nehme auch einen Kaffee, dafür keinen Kuchen«, sage ich selbstbewusst. Ich muss die Kurve kriegen, da gibt es nichts.

Dann sehe ich die beiden Mädchen durch die Tür kommen. Sie lachen immer noch. Die Mäntel hängen lose über den Schultern. Mir schwimmen die Felle weg, merke ich, das Ding, in dem ich war, entgleitet mir. Es ist alles total anstrengend. Mutter hat es geschafft, uns einzuräuchern. Niemals werde ich eine Zigarette anfassen, das schwöre ich. Als der Kaffee kommt, sagt sie: »So, ja, langsam, also, es sieht böse aus, du hast es gemerkt. Wo dein Vater im Augenblick ist, weiß ich nicht genau, aber ich hoffe, dass er wiederkommt.«

Wollen sie sich scheiden lassen? O Gott, das wäre das Letzte! »Weiter!«, sage ich streng.

»Ja, es geht schon länger so. Wir wollten es nicht

wahrhaben. Da hast du nun dein Geheimnis!«, sagt sie mit einer Stimme, die wie durch einen engen Kanal kommt. Ich fühle mich beschämt und bloßgestellt. Werden wir nicht beobachtet in dieser furchtbaren Lage, in der wir sind? Die Mädchen unterhalten sich. Sie scheinen noch zur Schule zu gehen, haben Ferien und freuen sich, wegzukommen mit dem nächsten Zug. Ja, die!

Mutter zündet sich schon wieder eine Zigarette an. Super, dieser Blitzableiter. Ich lehne mich zurück. Was nützt es eigentlich, sich so tierisch aufzuregen? »Ihr wolltet mir also Venedig zeigen, obwohl mich die Stadt nicht direkt interessiert. Ich weiß, ihr habt euch da kennen gelernt, was soll's, irgendwo muss man sich schließlich kennen lernen…« Ich bin cool jetzt.

Die Mädchen sind still. Nanu! »Du bist ein schöner junger Mann«, sagt Mutter zu mir, »merkst du was?« Sie will meinen Blick zu den Mädchen rüberlenken. Hm. »Die meinen dich, tja, so kann es anfangen!« Sie stößt eine enorme Wolke aus. »Du wirst erwachsen, mein Großer, wir sollten den Tatsachen ins Auge sehn, genau das tun, was dein Vater und ich vor fünfzehn Jahren nicht getan haben, weißt du?« Mit einem plötzlichen Ruck beugt sie sich nach vorn und drückt die angerauchte Zigarette aus.

»Wir haben gedacht, wenn wir zu dritt in Venedig

ein paar Tage Urlaub machen – nach all den Jahren wieder einmal –, dann gibt es vielleicht einen guten Neuanfang für uns. Das wird nun nichts. Ich habe die beiden letzten Nächte kein Auge zugetan. Ich muss den Dingen ins Auge sehn, tja, da kann man auch kein Auge zutun, klar.« Sie lacht mit einem Mundwinkel. »Ich will dir sagen, wie es damals in Venedig war. Weil sich gerade ein Mann, den ich unheimlich mochte, eben vor Weihnachten von mir getrennt hatte, wollte ich auf keinen Fall das Fest zu Hause verbringen bei den Großeltern, weißt du? Ich ging ins Reisebüro und buchte ein paar Tage Venedig. Ich hab mir zwei Bücher von Thomas Mann gekauft und bin losgefahren. Thomas Mann sollte mein Begleiter sein, ›Der Tod in Venedig‹ und so weiter. Als die Alpen hinter uns lagen, war der Himmel klar und die Leute fingen an ihre Pullover auszuziehen. So ein Gefühl allein würde ich dir gern mal vermitteln!«

Hm. Ich seufze und gucke aus dem Fenster, wo es grau genug aussieht. Die Härte in mir verzieht sich langsam.

»Wenn du in Venedig ankommst, glaubst du an Märchen. Aus dem Wasser taucht eine Traumstadt auf. Du denkst, du bist in der Wüste. Es kann sich nur um eine Halluzination handeln! Du siehst allerhand Dreck und es stinkt auch ganz fein, aber du kannst dir einbilden, du bist im Wald, da riecht es auch seltsam.

Gleich am nächsten Tag habe ich deinen Vater kennen gelernt. Er saß auf einem Klapphocker an der Rialtobrücke und zeichnete. Zuerst wusste ich nicht, dass er Deutscher war. Ich sprach ihn auf Englisch an. Er lachte, weil er gleich begriffen hatte, dass ich dies Englisch mit seiner Zunge sprach. So drückte er es aus. Er wollte genauso wie ich vor Weihnachten ausrücken. Bei ihm war auch eine Liebe geplatzt. Wir sind von da an durch Venedig gegangen wie zwei, die an Wunder glauben. Wir haben sogar gebadet – nachts.«

»Und da bin ich dann entstanden?«, frage ich frech.

»Ja«, sagt sie und nimmt wieder die Schachtel mit den Zigaretten zur Hand, dreht sie aber nur hin und her, als wollte sie die Aufschrift lesen.

Venedig geht allmählich unter, jedes Jahr neun Zentimeter, haben wir in der Schule gelernt. Schöne Vorbedeutung!

In der langen Pause, die sich nun am Tisch breit macht, wird mir klar, dass tatsächlich ein Zug abgefahren ist. Alles ist verändert. Ich existiere voll, während meine Erzeuger dabei sind, ihre Begründung für mein Existieren aufzugeben. Da bin ich irgendwie überflüssig, scheint mir!

Übermäßig nüchtern, bodenmäßig nüchtern wie nach meinem ersten Besäufnis, beobachte ich jeden

Gegenstand in diesem Café: ein richtiges Bahnhofscafé, schmuddelig, verraucht, unklar, miefig, aber nicht ganz ungemütlich, das gebe ich zu. Die Mädchen sind schon weg. Meine Fans. Mir gegenüber Mutter, die immer noch mit der Schachtel spielt. Eine Ewigkeit ist gerade vorüber. Ich habe Hunger.

In einem Einverständnis hält sie die Hand mit der Schachtel hoch. Die Kellnerin kommt: »Zwei Cappuccino und zwei Apfelkuchen mit Sahne, bitte! – Was meinst du, schaffen wir es, den Dingen ins Auge zu sehen, du und ich?« Sie lässt die Schachtel fallen und sieht mich an.

Ja, denke ich, wenn alles so ist wie heute. »Ja, ja«, sage ich, »geht schon in Ordnung!« Da lacht sie vorsichtig mit beiden Mundwinkeln.

Der Bahnhof kann uns endlich loslassen.

Ilse Behl, *Ein Zug fährt ab* / in: Boldt/Kohlhagen (Hrsg.), Acapulco und anderswo – Reisen zu fernen Zielen.
© 1997 Rowohlt Verlag, Reinbek

Peter Bichsel

Der Mann mit dem Gedächtnis

Ich kannte einen Mann, der wusste den ganzen Fahrplan auswendig, denn das Einzige, was ihm Freude machte, waren Eisenbahnen und er verbrachte seine Zeit auf dem Bahnhof, schaute, wie die Züge ankamen und wie sie wegfuhren. Er bestaunte die Wagen, die Kraft der Lokomotiven, die Größe der Räder, bestaunte die aufspringenden Kondukteure und den Bahnhofsvorstand. Er kannte jeden Zug, wusste, woher er kam, wohin er ging, wann er irgendwo ankommen wird und welche Züge von da wieder abfahren und wann diese ankommen werden.

Er wusste die Nummern der Züge, er wusste, an welchen Tagen sie fahren, ob sie einen Speisewagen haben, ob sie die Anschlüsse abwarten oder nicht. Er wusste, welche Züge Postwagen führen und wie viel eine Fahrkarte nach Frauenfeld, nach Olten, nach Niederbipp oder irgendwohin kostet.

Er ging in keine Wirtschaft, ging nicht ins Kino, nicht spazieren, er besaß kein Fahrrad, kein Radio, kein Fernsehen, las keine Zeitungen, keine Bücher, und wenn er Briefe bekommen hätte, hätte er auch diese nicht gelesen. Dazu fehlte ihm die Zeit, denn er verbrachte seine Tage im Bahnhof, und nur wenn der Fahrplan wechselte, im Mai und im Oktober, sah man ihn einige Wochen nicht mehr.

Dann saß er zu Hause an seinem Tisch und lernte auswendig, las den neuen Fahrplan von der ersten bis zur letzten Seite, merkte sich die Änderungen und freute sich über sie.

Es kam auch vor, dass ihn jemand nach einer Abfahrtszeit fragte. Dann strahlte er übers ganze Gesicht und wollte genau wissen, wohin die Reise gehe, und wer ihn fragte, verpasste die Abfahrtszeit bestimmt, denn er ließ den Frager nicht mehr los, gab sich nicht damit zufrieden, die Zeit zu nennen, er nannte gleich die Nummer des Zuges, die Anzahl der Wagen, die möglichen Anschlüsse, die Fahrzeiten; erklärte, dass man mit diesem Zug nach Paris fahren könne, wo man umsteigen müsse und wann man ankäme, und er begriff nicht, dass das die Leute nicht interessierte. Wenn ihn aber jemand stehen ließ und weiterging, bevor er sein ganzes Wissen erzählt hatte, wurde er böse, beschimpfte die Leute und rief ihnen nach: »Sie haben keine Ahnung von Eisenbahnen!«

Er selbst bestieg nie einen Zug.

Das hätte auch keinen Sinn, sagte er, denn er wisse ja zum Voraus, wann der Zug ankomme.

»Nur Leute mit schlechtem Gedächtnis fahren Eisenbahn«, sagte er, »denn wenn sie ein gutes Gedächtnis hätten, könnten sie sich doch wie ich die Abfahrts- und Ankunftszeit merken und sie müssten nicht fahren, um die Zeit zu erleben.«

Ich versuchte es ihm zu erklären, ich sagte: »Es gibt aber Leute, die freuen sich über die Fahrt, die fahren gern Eisenbahn und schauen zum Fenster hinaus und schauen, wo sie vorbeikommen.«

Da wurde er böse, denn er glaubte, ich wolle ihn auslachen, und er sagte: »Auch das steht im Fahrplan, sie kommen an Luterbach vorbei und an Deitigen, an Wangen, Niederbipp, Önsingen, Oberbuchsiten, Egerkingen und Hägendorf.«

»Vielleicht müssen die Leute mit der Bahn fahren, weil sie irgendwohin wollen«, sagte ich.

»Auch das kann nicht wahr sein«, sagte er, »denn fast alle kommen irgendeinmal zurück und es gibt sogar Leute, die steigen jeden Morgen hier ein und kommen jeden Abend zurück – so ein schlechtes Gedächtnis haben sie.«

Und er begann die Leute auf dem Bahnhof zu beschimpfen. Er rief ihnen nach: »Ihr Idioten, ihr habt kein Gedächtnis.« Er rief ihnen nach: »An Hägendorf werdet ihr vorbeikommen«, und er glaubte, er verderbe ihnen damit den Spaß.

Er rief: »Sie Dummkopf, Sie sind schon gestern gefahren.« Und als die Leute nur lachten, begann er sie von den Trittbrettern zu reißen und beschwor sie, ja nicht mit dem Zug zu fahren.

»Ich kann Ihnen alles erklären«, schrie er, »Sie kommen um 14 Uhr 27 an Hägendorf vorbei, ich weiß es genau, und Sie werden es sehen, Sie verbrauchen Ihr Geld für nichts, im Fahrplan steht alles.«

Bereits versuchte er die Leute zu verprügeln.

»Wer nicht hören will, muss fühlen«, rief er.

Da blieb dem Bahnhofsvorstand nichts anderes übrig, als dem Mann zu sagen, dass er ihm den Bahnhof verbieten müsse, wenn er sich nicht anständig aufführe. Und der Mann erschrak, weil er ohne Bahnhof nicht leben konnte, und er sagte kein Wort mehr, saß den ganzen Tag auf der Bank, sah die Züge ankommen und die Züge wegfahren und nur hie und da flüsterte er einige Zahlen vor sich hin, und er schaute den Leuten nach und konnte sie nicht begreifen.

Hier wäre die Geschichte eigentlich zu Ende.

Aber viele Jahre später wurde im Bahnhof ein Auskunftsbüro eröffnet. Dort saß ein Beamter in Uniform hinter dem Schalter und er wusste auf alle Fragen über die Bahn eine Antwort. Das glaubte der Mann mit dem Gedächtnis nicht und er ging jeden Tag ins neue Auskunftsbüro und fragte etwas sehr Kompliziertes, um den Beamten zu prüfen.

Er fragte: »Welche Zugnummer hat der Zug, der um 16 Uhr 24 an den Sonntagen im Sommer in Lübeck ankommt?«

Der Beamte schlug ein Buch auf und nannte die Zahl.

Er fragte: »Wann bin ich in Moskau, wenn ich hier mit dem Zug um 6 Uhr 59 abfahre?«, und der Beamte sagte es ihm.

Da ging der Mann mit dem Gedächtnis nach Hause, verbrannte seine Fahrpläne und vergaß alles, was er wusste.

Am andern Tag aber fragte er den Beamten: »Wie viele Stufen hat die Treppe vor dem Bahnhof?«, und der Beamte sagte: »Ich weiß es nicht.«

Jetzt rannte der Mann durch den ganzen Bahnhof, machte Luftsprünge vor Freude und rief: »Er weiß es nicht, er weiß es nicht.«

Und er ging hin und zählte die Stufen der Bahnhoftreppe und prägte sich die Zahl in sein Gedächtnis ein, in dem jetzt keine Abfahrtszeiten mehr waren.

Dann sah man ihn nie mehr im Bahnhof.

Er ging jetzt in der Stadt von Haus zu Haus und

zählte die Treppenstufen und merkte sie sich und er wusste jetzt Zahlen, die in keinem Buch der Welt stehen.

Als er aber die Zahl der Treppenstufen in der ganzen Stadt kannte, kam er auf den Bahnhof, ging an den Bahnschalter, kaufte sich eine Fahrkarte und stieg zum ersten Mal in seinem Leben in einen Zug, um in eine andere Stadt zu fahren und auch dort die Treppenstufen zu zählen und dann weiterzufahren, um die Treppenstufen in der ganzen Welt zu zählen, um etwas zu wissen, was niemand weiß und was kein Beamter in Büchern nachlesen kann.

Peter Bichsel, *Der Mann mit dem Gedächtnis* / in: Peter Bichsel, Kindergeschichten.
© 1997 Suhrkamp Verlag, Frankfurt am Main
Dieses Buch ist auch bei dtv lieferbar.

Enid Blyton

Der Geisterzug

Die weltberühmten Fünf Freunde haben beschlossen, zelten zu fahren. Ferien im Hochmoor, das verspricht aufregende Tage. Als sie von Geisterzügen hören, die in einem stillgelegten unterirdischen Tunnelsystem unterwegs sein sollen, ist ihre Neugier geweckt.

»Bleib ganz ruhig, Tim«, sagte Georg nach ein paar Minuten. »Ich steig jetzt weiter nach unten und schau, wie tief es noch runtergeht. Vielleicht finde ich einen Strick oder sonst was, womit ich dir helfen kann. Das ist ja wohl das Blödeste, was uns passieren konnte!«

Georg streichelte Tim beruhigend über den Kopf und versuchte weiter nach unten zu gelangen. Die Tritte waren alle noch erhalten und es war gar nicht schwierig, immer tiefer zu steigen. Sie hatte bald den Boden des Tunnels erreicht. Zum Glück hatte sie ihre Taschenlampe dabei und knipste sie an. Sie stand direkt vor einem Zug! War das etwa dieser Geisterzug? Ihr Atem ging schnell.

Es war eine sehr, sehr alte Lokomotive, kleiner als die gewöhnlichen, ebenso die Wagen. Der Schornstein der Lokomotive war höher und die Räder anders als bei den üblichen Maschinen. Das musste der Geisterzug sein!

Georg zitterte vor Aufregung. Dieser Zug war uralt! Wer fuhr ihn in der Nacht? Oder fuhr er von allein? Nein, Blödsinn, Züge fahren nicht von allein. Vor lauter Staunen hatte Georg gar nicht mehr an Tim gedacht.

Gerade in diesem Augenblick verlor der Hund das Gleichgewicht und fiel! Er hatte sich auf die andere Seite legen wollen, war dabei ausgerutscht und kam nun den Schacht herunter.

Er jaulte ängstlich auf.

Georg war so entsetzt, dass sie sich kaum bewegen konnte. Sie stand unmittelbar unter dem Loch und breitete die Arme aus, um Tim vielleicht auffangen zu können. Mit einem Plumps landete Tim neben ihr auf dem Boden und stöhnte laut.

Georg kniete sich sofort neben ihn. »Tim! Hast du dich verletzt? Lebst du noch? Oh, Tim, sag doch was!«

»Wuff« war die Antwort und Tim stand etwas unsicher auf. Er war in einen Haufen Ruß gefallen!

Der Ruß vieler, vieler Jahre hatte sich dort abgelagert, zum Glück für Tim.

Der Hund war mitten hineingefallen und beinahe darin verschwunden. Er schüttelte sich tüchtig und staubte Georg von oben bis unten ein.

Sie kümmerte sich nicht darum, sondern umarmte den glücklichen Tim. Ihre Kleidung und das Gesicht wurden schwarz wie bei einem Schornsteinfeger.

Tim leckte ihr über die rußige Nase, mochte den Geschmack aber gar nicht.

Georg stand auf. Sie hatte absolut keine Lust, dieses schreckliche Loch wieder hochzukrabbeln – und für Tim war das sowieso unmöglich. Es blieb ihnen beiden also nichts anderes übrig, als durch den Tunnel zu laufen.

Tim ging zur Lokomotive und pinkelte an eines der Räder. Dann sprang er ins Führerhaus. Das nahm Georg den letzten Rest ihrer Angst. Wenn Tim keine Furcht hatte, brauchte sie auch keine zu haben!

Sie begann die Wagen zu untersuchen. Es waren vier offene Güterwagons. Mit der Taschenlampe in der Hand kletterte sie auf einen der Wagen und zog Tim auch hinauf. Sie erwartete ihn leer zu finden. Er war aber voll gepackt mit Kisten. Sie ließ ihre Taschenlampe wieder aufleuchten und knipste sie schnell aus.

Georg hatte ein Geräusch gehört. Sie legte sich

flach auf den Boden, hielt Tim am Halsband und lauschte angestrengt. Tim passte auch auf, die Haare auf seinem Rücken standen in die Höhe.

Irgendetwas klapperte. Dann erfolgte ein Schlag und plötzlich war der ganze Tunnel hell erleuchtet.

Das Licht kam von einer langen Neonröhre, die im Tunnel angebracht war. Georg lugte durch einen Spalt in der Seitenwand des Wagons. Sie sah, dass hier die Stelle war, wo sich der Tunnel und die Schienen gabelten. Eine Linie führte nach Bachhalde und die andere endete vor einer Mauer. Und dann traute Georg ihren Augen nicht! Ein Teil der Tunnelwand öffnete sich! Unmittelbar vor ihren Augen glitt ein Stück der Backsteinwand zur Seite, bis sich eine Öffnung, ungefähr so groß wie der Zug, zeigte. Georg kauerte wie angewurzelt auf dem Boden. Ein Mann kam durch die Öffnung. Sie war sicher, ihn schon gesehen zu haben. Er ging zur Lokomotive und sprang ins Führerhaus.

Dann vernahm sie alle möglichen Geräusche von dort. Aber sie getraute sich nicht nachzusehen. Sie zitterte und Tim drückte sich an sie.

Der Mann heizte anscheinend die Maschine. Aus dem Schornstein drang Rauch.

Georg überfiel ein furchtbarer Gedanke! Wenn der Mann den Zug durch die Öffnung fahren und dann womöglich die Wand wieder schließen würde! Dann wäre sie eine Gefangene!

Ich muss versuchen herauszukommen, bevor es zu spät ist, überlegte sie. Hoffentlich entdeckt mich der Mann nicht!

Aber gerade als sie aus dem Wagon klettern wollte, stieß die Lokomotive einen schrillen Pfiff aus und bewegte sich langsam rückwärts auf den Schienen, die zum zweiten Tunnel führten, wo die Öffnung war.

Georg wagte nicht, aus dem fahrenden Zug zu springen. Sie kauerte in einer Ecke, während der Zug schnell auf das Loch in der Wand zufuhr. Es war genau abgemessen!

Der Zug kam in einen anderen Tunnel. Auch hier war es taghell. Georg lugte wieder durch den Spalt in der Wagenwand. Große Kisten, die wie Käfige aussahen, standen zu beiden Seiten und Männer saßen und standen herum. Wo kamen die bloß her? Und was wollten sie mit dem alten Zug?

Ein seltsames Geräusch aus der Richtung, woher sie gekommen waren, zeigte an, dass sich das Loch wieder schloss. Nun gab es kein Entrinnen mehr!

Der Zug stand. Und Georg entdeckte, dass auch vorn eine Wand war. Der Tunnel musste also zweimal zugemauert worden sein und dazwischen war dieser Raum geblieben.

»Wenn das die anderen wüssten«, flüsterte Georg Tim ins Ohr. »Was sollen wir denn jetzt machen, Tim?«

Tim wedelte kaum sichtbar mit dem Schwanz. Er verstand diese Welt nicht mehr.

»Wir warten, bis die Männer fort sind«, flüsterte Georg wieder. »Dann müssen wir versuchen, durch den ›Sesam-öffne-dich‹-Eingang zu kommen. Da sind wir in einen schönen Schlamassel reingeraten, mein Guter.«

Enid Blyton, *Der Geisterzug* / in: Enid Blyton, Fünf Freunde im Zeltlager. Aus dem Englischen von Dr. Werner Lincke.
© 1955, 1997 C. Bertelsmann Verlag, München

Manfred Boden

Die nächtliche Reise

In einem abgelegenen Dorf lebte ein kleiner Junge, der seit langer Zeit den Wunsch hatte, einmal eine ganze Nacht hindurch wach bleiben zu dürfen. Er war neugierig, was wohl nachts alles passierte, während er schlief. Wann sonst sollten sich denn die Märchen abspielen? Vielleicht konnte er sogar erfahren, wie es sich mit Hänsel und Gretel und der bösen Hexe in Wirklichkeit verhielt.

Als der kleine Junge sechs Jahre alt war, durfte er mit seinem Vater das erste Mal zu seiner Großmutter fahren, die in einer großen Stadt wohnte. Von morgens bis abends sollte er in einem pfeilschnellen Zug sitzen. Aber darauf freute sich der kleine Junge nicht im Geringsten. Ach, wird das langweilig, dachte er, einen ganzen Tag in demselben Zug.

Da fiel ihm sein Wunsch mit der Nacht ein, die er wach bleiben wollte, und vor Aufregung sprang er mindestens zwei Meter hoch in die Luft. Wir dürfen nicht von morgens bis abends fahren, überlegte er, sondern wir müssen von abends bis morgens fahren. Vom Zugfenster aus konnte er bestimmt so manches in den großen Wäldern entdecken, durch die sie in der Nacht fahren würden.

Er ließ sich von seiner Absicht auch nicht abbringen, nachdem ihm sein Vater erklärt hatte, alle Märchen sind vor soviel Jahren passiert, wie der allergrößte Wald Bäume hat. Der kleine Junge bekam seinen Willen.

An einem Abend, an dem es regnete und stürmte und bitterkalt war, fuhren sie los. Wie schön wäre es, sich in das warme Federbett zu kuscheln, dachte der kleine Junge. Doch er ließ sich auch nichts anmerken, als ihm der Vater seinen dicken Mantel um die Schultern legte, sodass er darin verschwand wie in einem Zelt.

Jetzt wurde es gemütlicher in dem Zugabteil und der Kopf des kleinen Jungen tauchte langsam aus dem Mantelkragen hervor. Draußen war es jedoch so dunkel wie in seinem Zimmer, wenn die Mutter abends die Lampe ausgeschaltet hatte. Der kleine Junge sah nur selten verschwommene Lichter, sosehr er seine Nase auch gegen die Fensterscheibe presste. Enttäuscht versank er wieder in sein Mantelzelt und beobachtete, wie die alte Frau ihm gegenüber mit geschlossenen Augen immer weiter nach vorn kippte. Bald schliefen alle Leute, bloß der kleine Junge nahm alle Kraft zusammen, um wach zu bleiben.

Plötzlich kam der Zugschaffner mit einer Laterne und einem Bart, der bis auf die Fußspitzen reichte. Mit leiser Stimme fragte er: »Ist denn noch jemand wach?«

Kaum hatte sich der kleine Junge gemeldet, da hielt der Zug mitten im Wald. Der kleine Junge durfte aussteigen. Es hatte aufgehört zu regnen und es war so warm wie zu Hause unter seinem Federbett. Der Mond schien so hell, dass alles genau zu sehen war. In sieben kleinen Bettchen schliefen die sieben Zwerge. Nicht weit davon entfernt schliefen der Fuchs und der Wolf. Immer weiter lief der kleine Junge. Hänsel und Gretel schliefen und auch das Pfefferkuchenhaus der Hexe sah ganz verschlafen aus.

Weil der kleine Junge aber hungrig war von seinem weiten Weg, brach er sich einen riesengroßen Pfefferkuchen ab. Doch gerade, als er das erste Stückchen abbeißen wollte, sprang die Tür des Pfefferkuchenhäuschens auf und eine alte Frau mit zerzaustem Haar und winzig kleinen Augen kam heraus. Ihr Nachthemd reichte bis zum Waldboden und war so weiß, dass es den kleinen Jungen blendete. Er wollte wegrennen, aber überall war es so hell wie eine Million Sonnen. Schon spürte er eine schwere Hand um seinen Hals. Vor Angst schrie er laut auf.

Da hörte er die bekannte Stimme seines Vaters: »Aussteigen, du kleine Schlafmütze!« Der kleine Junge war noch ziemlich benommen und rieb sich mit beiden Händen die Augen. Der Regen hatte aufgehört und die Sonne schien lustig durch das Fenster.

Manfred Boden, *Die nächtliche Reise* / in: Beate Hanspach u. Fred Rodrian (Hrsg.), Die Räuber gehen baden.
©1980 Der Kinderbuch Verlag, Berlin

Michael Ende

Jim Knopf, Lukas und die Lokomotive Emma

Der Lokomotivführer Lukas von der Insel Lummerland unternimmt abenteuerliche Reisen mit seiner Lokomotive Emma und dem schwarzen Findelkind Jim Knopf. Unterwegs begegnen ihnen allerhand phantastische Wesen: Halbdrachen, Scheinriesen und eine Seejungfrau.

Das Abendessen war vorüber, Jim Knopf gähnte, als sei er schrecklich müde, und sagte, er wolle gleich ins Bett gehen. Darüber war Frau Waas einigermaßen erstaunt. Für gewöhnlich hatte sie nämlich ziemliche Mühe, Jim zum Schlafengehen zu überreden, aber sie dachte, er würde vielleicht langsam vernünftig. Als er schon im Bett war, kam sie noch einmal zu ihm, wie jeden Abend, deckte ihn gut zu, gab ihm einen Gutenachtkuss und verließ seine Kammer, nachdem sie das Licht gelöscht hatte. Dann ging sie in die Küche zurück, um noch eine Weile an einem neuen Pullover für den Jungen zu stricken.

Jim lag in seinem Bett und wartete. Der Mond schien zum Fenster hinein. Es war sehr still. Nur das Meer rauschte friedlich an den Landesgrenzen und ab und zu war von der Küche herüber leise das Klappern der Stricknadeln zu hören.

Jim musste plötzlich daran denken, dass er den Pullover, an dem Frau Waas da arbeitete, niemals tragen würde, und was sie wohl täte, wenn sie das wüsste…

Und als er das überlegt hatte, wurde es ihm so furchtbar wehmütig ums Herz, dass er am liebsten geweint hätte oder in die Küche gelaufen wäre, um Frau Waas alles zu erzählen. Doch dann dachte er wieder an die Worte, die Lukas ihm zum Abschied gesagt hatte, und da wusste er, dass er schweigen musste. Aber es war schwer, beinahe zu schwer für jemanden, der erst ein halber Untertan war.

Und dazu kam noch etwas, womit Jim nicht gerechnet hatte: die Müdigkeit. Er war noch nie so lange aufgeblieben und nun konnte er die Augen kaum offen halten. Wenn er wenigstens hin und her gehen oder irgendetwas hätte spielen können! Aber da lag er im warmen Bett und dauernd fielen ihm die Augen zu.

Er musste sich immerzu vorstellen, wie wundervoll es wäre, wenn er jetzt einfach einschlafen dürfte. Er rieb sich die Augen und kniff sich in die Arme, um wach zu bleiben. Er kämpfte gegen den Schlaf. Aber plötzlich war er doch eingeschlummert.

Ihm war, als stünde er an der Landesgrenze, und weit draußen auf dem nächtlichen Meer fuhr die Lokomotive Emma. Sie rollte über die Wellen, als ob Wasser etwas Festes wäre. Und im Führerhaus, vom Feuerschein beleuchtet, sah Jim seinen Freund Lukas, der mit einem großen roten Taschentuch winkte und rief:

»Warum bist du nicht gekommen? – Leb wohl, Jim! – Leb wohl, Jim! – Leb wohl, Jim!«

Seine Stimme klang fremd und hallte durch die Nacht. Und jetzt fing es plötzlich zu blitzen und zu donnern an und ein peitschender, eiskalter Wind wehte vom Meer her. Und im Sausen des Windes ertönte noch einmal Lukas' Stimme:

»Warum bist du nicht gekommen? – Leb wohl! – Leb wohl, Jim!«

Die Lokomotive wurde immer kleiner und kleiner. Noch ein letztes Mal war sie im grellen Schein eines Blitzes sichtbar, dann verschwand sie fern am dunklen Horizont.

Jim bemühte sich verzweifelt, über das Wasser hinterherzulaufen, aber seine Beine waren am Boden wie festgewachsen. Und von der Anstrengung, sie loszureißen, erwachte er und fuhr erschrocken in die Höhe.

Die Kammer war hell vom Mond erleuchtet. Wie spät mochte es sein? War Frau Waas schon schlafen gegangen? War Mitternacht am Ende schon vorüber und der Traum Wirklichkeit?

In diesem Augenblick schlug die Turmuhr auf dem königlichen Palast zwölfmal.

Jim fuhr aus dem Bett, schlüpfte in seine Kleider und wollte aus dem Fenster klettern – da fiel ihm der Brief ein. Den Brief an Frau Waas musste er unbedingt noch zeichnen, sonst würde sie sich schrecklichen Kummer machen. Und das sollte sie doch nicht. Mit zitternden Händen riss Jim ein Blatt aus seinem Heft und malte Folgendes darauf:

Das hieß: Ich bin mit Lukas dem Lokomotivführer auf Emma weggefahren.

Und dann zeichnete er noch schnell darunter:

Das hieß: Mach dir keinen Kummer, sondern sei unbesorgt.

Und zuletzt zeichnete er noch ganz schnell dies hier:

Das sollte heißen: Es küsst dich dein Jim.

Dann legte er das Blatt auf sein Kopfkissen und stieg schnell und leise zum Fenster hinaus.

Als er am verabredeten Ort ankam, war Emma, die Lokomotive, nicht mehr da. Auch Lukas war nirgends zu erblicken. Schnell lief Jim zur Landesgrenze hinunter. Da sah er Emma, die bereits im Wasser schwamm. Rittlings auf ihr saß Lukas der Lokomotivführer. Er hisste gerade ein Segel, dessen Mast er am Führerhäuschen befestigt hatte.

»Lukas!«, rief Jim atemlos. »Warte doch, Lukas! Ich bin doch da!«

Lukas drehte sich erstaunt um und ein freudiges Lächeln glitt über sein breites Gesicht.

»Weiß Gott!«, sagte er. »Das ist Jim Knopf. Ich dachte schon, du wolltest lieber nicht mitkommen. Es hat schon vor einer ganzen Weile zwölf geschlagen.«

»Ich weiß schon«, antwortete Jim. Er watete hinüber, ergriff Lukas' Hand und schwang sich auf Emma hinauf. »Ich hatte nämlich den Brief vergessen, verstehst du? Darum musste ich noch mal zurück.«

»Und ich fürchtete schon, du hättest verschlafen«, sagte Lukas und stieß dicke Rauchwolken aus seiner Pfeife.

»Ich hab überhaupt nicht geschlafen!«, beteuerte Jim. Das war ja zwar gelogen, aber er wollte vor seinem Freund nicht gern unzuverlässig erscheinen.

»Wärst du wirklich einfach ohne mich abgefahren?«

»Na ja«, meinte Lukas, »eine Weile hätte ich natürlich schon noch gewartet, aber dann ... Ich konnte ja nicht wissen, ob du dir's inzwischen nicht anders überlegt hast. Wäre ja möglich gewesen, nicht wahr?«

»Aber wir hatten's doch abgemacht!«, sagte Jim vorwurfsvoll.

»Ja«, gab Lukas zu. »Bin ja auch mächtig froh, dass du dich an unsere Abmachung gehalten hast. Jetzt weiß ich, dass ich mich auf dich verlassen kann. Übrigens, wie gefällt dir unser Schiff?«

»Famos!«, sagte Jim. »Ich dacht immer, Lokomotiven gingen im Wasser unter?«

Lukas schmunzelte.

»Nicht, wenn man vorher das Wasser aus dem Kessel herauslässt, den Kohlentender leer macht und die Türen kalfatert«, erklärte er und paffte kleine Wölkchen. »Das ist ein Trick, den nicht jeder kennt.«

»Was muss man die Türen?«, erkundigte sich Jim, der das Wort noch nie gehört hatte.

»Kalfatern«, wiederholte Lukas. »Das bedeutet, man muss alle Ritzen gründlich mit Werg und Teer abdichten, damit kein Tropfen Wasser durchsickert. Das ist sehr wichtig, weil durch das wasserdichte Führerhäuschen, den hohlen Kessel und den leeren Tender Emma nicht untergehen kann. Außerdem haben wir dadurch eine hübsche kleine Kajüte, falls es mal regnen sollte.«

»Aber wie kommen wir denn hinein?«, wollte Jim wissen. »Wenn doch die Türen so fest zu sein müssen?«

»Wir können durch den Tender hinunterkriechen«, sagte Lukas. »Du siehst, wenn man nur weiß, wie's gemacht wird, dann schwimmt sogar eine Lokomotive wie eine Ente.«

»Ach!«, sagte Jim bewundernd. »Aber sie ist doch ganz aus Eisen?«

»Macht nichts«, antwortete Lukas und spuckte vergnügt einen Looping ins Wasser. »Es gibt Schiffe, die auch ganz aus Eisen sind. Ein leerer Kanister, zum Beispiel, ist auch aus Eisen und geht trotzdem nicht unter, solange kein Wasser reinläuft.«

»Aha!«, sagte Jim, als hätte er begriffen. Er fand,

dass Lukas ein sehr kluger Mann war. Mit so einem Freund konnte eigentlich nicht viel schief gehen.

Er war jetzt sehr froh, dass er sein Versprechen gehalten hatte.

»Wenn du nichts dagegen hast«, sagte Lukas, »dann fahren wir jetzt ab.«

»In Ordnung«, antwortete Jim.

Sie warfen das Tau los, mit dem Emma am Ufer festgemacht war. Der Wind bauschte das Segel. Der Mast ächzte leise und das seltsame Schiff setzte sich in Bewegung.

Kein Laut war zu hören außer dem Summen des Windes und dem Plätschern der kleinen Wellen am Bug der Emma.

Lukas hatte seinen Arm um Jims Schulter gelegt und beide schauten schweigend zu, wie Lummerland mit dem Haus von Frau Waas und dem Haus von Herrn Ärmel, mit der kleinen Bahnstation und dem Schloss des Königs zwischen den beiden ungleichen Gipfeln immer weiter zurückblieb, still und mondbeschienen.

Über Jims schwarze Backe rollte eine dicke Träne.

»Traurig?«, fragte Lukas leise. Auch in seinen Augen blinkte es verdächtig.

Jim zog den Inhalt seiner Nase geräuschvoll hoch, fuhr sich mit dem Handrücken über die Augen und lächelte tapfer. »Is' schon vorbei.«

»Am besten, wir schauen nicht länger zurück«, meinte Lukas und gab Jim einen freundschaftlichen Klaps auf die Schulter. Sie drehten sich um, sodass sie nun nach vorne blickten.

»So!«, sagte Lukas. »Jetzt stopf ich mir erst mal eine neue Pfeife und dann wollen wir uns ein bisschen unterhalten.«

Er stopfte sich seine Pfeife, zündete sie an, stieß ein paar Rauchkringel aus und dann fingen sie an, sich zu unterhalten. Und nach kurzer Zeit waren sie beide wieder ganz vergnügt und lachten.

So segelten sie hinaus auf das mondbeglänzte Meer.

Michael Ende, *Jim Knopf, Lukas und die Lokomotive Emma* / in: Michael Ende, Jim Knopf und Lukas der Lokomotivführer.
© 1960 K. Thienemanns Verlag, Stuttgart – Wien – Bern

David Grossman

Eine Kutsche mit eintausendsechshundertundfuffzig Pferden

Woher komme ich? Was wird aus mir? Der dreizehnjährige Nono muss sich erst ungewollt auf eine abenteuerliche Reise einlassen, um Stück für Stück die richtigen Antworten zu finden. Ein Ereignis jagt das andere. Und mehr und mehr scheint sich ein mögliches Ziel im Zickzack der immer schneller und undurchschaubarer wirkenden Ortswechsel zu verlieren. Wer ist der Mann, den Nono im Zug kennen lernt und der ihn so sehr in seinen Bann zieht?

Ich nahm auf dem Drehstuhl des Lokführers Platz. In der rechten Hand hielt ich den Hebel, der die Geschwindigkeit regelte. Die Linke ließ ich, wie es der Lokführer die ganze Zeit getan hatte, auf der Notbremse ruhen. Undeutlich nahm ich wahr, dass der Lokführer sich über mich beugte und meine beiden Hände auf den Bremshebel legte, aber ich brauchte seinen Rat nicht. Ich stellte fest, dass ich mir unbewusst seine Handbewegungen eingeprägt hatte, als ob ich im Voraus gewusst hätte, dass Felix mir vorschlagen würde, selbst zu fahren. Ich erhöhte die Geschwindigkeit ein wenig, die Lok fügte sich knurrend. Ich war zu schnell, zumindest für den Anfang. Ich ließ die Bremse runter, die die Lok anhielt, ließ mit dem Hebel der oberen Bremse etwas Luft ab und es stellte sich heraus, dass ich fahren konnte. Das hatte ich von meinem Vater geerbt: Er war in der Lage, in ein beliebiges Fahrzeug zu steigen und es unverzüglich zu fahren. Aber, soweit ich wusste, hatte er es noch nie mit einer Lok versucht.

In jenem Augenblick dachte ich keineswegs an Vater. Ich verschwendete keinen Gedanken an ihn. Wäre er mir in den Sinn gekommen, hätte ich vielleicht bereits damals bemerkt, dass die Sache eine Seltsamkeit aufwies, eine beträchtliche Seltsamkeit. Nur ein Gedanke durchfuhr mich: Wenn ich meinen Klassenkameraden erzählte, was ich erlebt hatte, würde ich wohl auf diesen Teil verzichten müssen, den man mir eh nicht abkaufen würde. Das Signal dagegen könnte ich meiner Geschichte wiedergeben, denn in diesem Moment schien es mir ein Kinderspiel zu sein.

Ich erinnere mich, dass sich vor mir ein nicht allzu großes Fenster befand, an dem nur ein Fleck säuberlich von Staub und Schmutz befreit war, und ich sah die Schienenstränge, die mir mit wahnsinniger Geschwindigkeit entgegenrasten und unter mir verschluckt wurden. Der Lokführer stützte sich mit der ganzen Schwere seines leblosen Körpers von hinten auf mich. Nur seine Hand ließ die meine auf dem Bremshebel nicht los. Als ob sein gesamtes Lebenselixier sich auf jenen letzten schicksalhaften Punkt konzentrierte. Im Gegensatz zu ihm strahlte Felix übers ganze Gesicht: Seine Augen funkelten wie zwei blaue Diamanten. Er war überglücklich, mir dieses gigantische, verrückte Geschenk gemacht zu haben. Wir durchkreuzten die Niederung. Als flögen sie, eilten Bananenplantagen an uns vorbei, die rötliche, lehmige Erde, Zypressen, Felder, zerklüftete, sandige Böden... Zu unserer Rechten lag eine Straße und ich bemerkte – daran erinnere ich mich noch heute –, dass ich schneller war als der rote Wagen, der sie befuhr.

Und da, auf einmal, geschah es: Alles in mir zerbarst, mit einer gewaltigen Brandung strömte die Stärke der Lokomotive auf mich ein, ihr Brüllen, ihr majestätisches Gehabe, ihr rasantes Vorwärtsstreben, das mir die Hände erbeben ließ, das Zittern kroch mir die Arme hoch und drängte in meinen Brustkorb, die Kraft war größer und stärker als ich, sie fand keinen Platz in meinem Leib und ich begann aus voller Kehle zu schreien, eine Lokomotive von hundert Tonnen unter den Händen, wie eine große Pauke schlug es in meiner Brust, was für ein kolossales Herz mir geschwollen war, und ich zog fester und fester den Beschleunigungshebel, der Zeiger begann auszuschlagen und Haii–dii! Hundert Tonnen Lok und hundert Tonnen Wagons, nicht zu sprechen von den armen, arglosen und unwissenden Seelen! Wenn es mir gefiel, konnte ich diese Lokomotive mit mir über die Stränge ziehen, mit ihr entgleisen und durch die Felder brausen, niemand würde mich aufhalten, eintausendsechshundertundfuffzig Pferde waren vor meine Kutsche gespannt, und ich, der ich kurz zuvor ein gewöhnlicher Reisender im Zug gewesen war und noch keine Bar Mizwa hinter mir hatte, wurde jäh aus der Menge der Fahrgäste herausgehoben, man hatte mich auserwählt, sie zu führen, sie zu treiben, und ich fühlte, dass ich meine Sache gut machte, Vater wäre stolz auf mich gewesen, ich fuhr, fuhr einfach diese Lok, hatte Mut bewiesen, war nicht vor der Gefahr geflohen, ich war zu allem fähig, ohne Grenzen, ohne Gesetze, für immer und ewig –

Sie mussten ihre sämtlichen Kräfte mobilisieren, Felix und der Lokführer, um mich von dem Steuerpult loszureißen. Was sich dort genau zutrug, war mir nicht bewusst. Ich wusste nur, dass ich mich gewaltig widersetzte, damit man mich weiterfahren ließ. Ich kämpfte wie ein wildes Tier: war stärker als die beiden, denn ich bezog meine Energie direkt aus der Lokomotive, aus ihren sechzehnhundertfünfzig Pferden.

Sie bezwangen mich, natürlich. Mit vereinten Kräften zogen sie mich weg. Ich spürte, wie Felix' Arme mich schmerzhaft umklammerten. Für einen Mann seines Alters war er ungewöhnlich stark. Er warf mich auf den Schemel, die beiden neben mir atmeten schwer. Dicke Schweißtropfen perlten auf der Stirn des Lokführers, tropften auf seine Wangen und rannen auf seinen Hals. Voller Abscheu sah er mich an, als ob sich seinen Augen ein grässlicher, widerwärtiger Anblick böte: »Raus jetzt!«, befahl er und seine mächtige Brust hob und senkte sich. »Bitte geht jetzt raus hier!«, sagte er nochmals, wobei seine Stimme sich zu einem Krächzen brach.

»Ja, ja, selbstverständlich«, sagte Felix abwesend. Er schaute auf die Uhr, die seitwärts hing, und seine Lippen murmelten ein Rechenexempel: »Es ist höchste Zeit. Seien Sie gewiss unserem Dank, Herr Lokomotivführer, und Vergebung, wenn wir haben verursacht Schaden.«

»Zum Glück ist nichts passiert«, jammerte der Lokomotivführer hechelnd, nahm seinen Kopf zwischen die Hände und fragte ungläubig: »Was war das ... wie konnte ich bloß ... genug jetzt ... Raus! Es reicht!«

»Es gibt da nur kleines Problem ...«, sagte Felix. Ich nahm schon die leise, lauernde Färbung wahr, die sich hinter seinen höflichen Worten verbarg, und Unruhe überkam mich. Auch das Gesicht des Lokführers lief auf einmal rot an.

»Wir zwei beide müssen aussteigen aus Zug schon vor Tel Aviv«, erklärte Felix, als müsse er sich rechtfertigen. Er zog ein Taschentuch aus seinem Anzug, und um die Schweißperle aufzusaugen, die während unseres Kampfes dort oben erschienen war, betupfte er sanft die Stirn. Ein dezentes Parfüm lag einen kurzen Moment lang in der Luft.

»In einer halben Stunde erreichen wir den Bahnhof. Wartet in Ruhe in eurem Abteil!«, kreischte der Lokführer und seine Finger auf dem Bremshebel erblassten.

»Bitte gnädigst um Verzeihung!«, rückte Felix ihn geduldig zurecht: »Mein Herr, vielleicht Sie verstehen nicht richtig, möglich, dass Hebräisch von mir ist nicht ganz so gut: Wir müssen aussteigen aus Zug noch vor Tel Aviv. Noch vor Wäldchen dort. Drei Kilometer, kann sein!«

Ich spähte durch das staubige Fenster. Der Zug fuhr gerade durch eine Niederung voller vergilbter Felder. Am Horizont verdichtete sich eine dunkle Masse, das musste das Wäldchen sein. Ich warf einen Blick auf die große Uhr an der Seite der Lok: Sie zeigte drei Uhr und zweiunddreißig Minuten.

»Zwei Kilometer noch«, sagte Felix liebenswürdig,

»es ist besser, allmählich bisschen zu drosseln Geschwindigkeit, Herr Lokomotivführer.«

Der Lokführer drehte sich auf einen Schlag zu ihm um. Er war ein wuchtiger Mann und in seinem Zorn plusterte er sich noch mächtiger auf: »Wenn ihr nicht unverzüglich beide von hier verschwindet«, fing er an, während seine Halsschlagadern sich blähten und wie Muskeln vorstachen.

»Anderthalb Kilometer noch«, präzisierte Felix gelassen und blickte aus der Scheibe, »nu, und Automobil wartet bereits auf uns, bremsen, bitte schön.«

Der Fahrer wandte sich zum Fenster und sah hinaus. Seine Augen wurden groß. Neben den Geleisen stand eine schwarze, ellenlange Limousine, mit gelb lackierten Türen. Ich stutzte: Felix hatte einen Wagen erwähnt, der für drei Uhr dreiunddreißig erwartet wurde, aber wer konnte ahnen, dass es das war, was er gemeint hatte: während der Fahrt...

Der Lokomotivführer und ich wurden zu Blechpuppen. Mit langsamer Drehung der Köpfe richteten wir unsere Blicke auf Felix. Da sahen wir gleichzeitig, was er in der Hand hielt. Das ist unmöglich, dachte ich, ein böser Traum. Der Lokführer begriff vor mir, dass es böse war, aber kein Traum. Mit einem tiefen Seufzer kehrte er sich dem Bremshebel zu und begann den Zug zum Stehen zu bringen.

Er musste die Notbremse gezogen haben, denn

meine komplette Seele wurde mir aus dem Leib gerissen und nach vorn geschleudert. Die Lok roch nach Angebranntem. Gepresste Luft entwich mit einem Pfiff. Zu beiden Seiten des Zugs sprühten Strahlen glimmender Funken, die Bremsen kreischten und die Wagons schlingerten schwer und ächzend, bis endlich alles unterging und in Stille versank. Der Zug stand stumm. Geknechtet. Nur aus dem Motor stieg blubbernd ein gärender Laut.

Eine ganze Minute lang rührte sich niemand.

Welch grässliche Grabesstille.

Auch aus den Wagons hinter uns war nichts zu hören. Die Insassen waren gewiss erschüttert und sprachlos. Da drang das entfernte Weinen eines Kindes an meine Ohren. Ich lugte hinaus und sah, dass der Zug inmitten eines Stoppelfeldes stand. Ich erinnere mich, dass ich graue Bienenstöcke wahrnahm, die in Reih und Glied standen.

»Komm, wir müssen sputen uns ein wenig«, sagte Felix entschuldigend, zog mich vom Schemel und führte mich zur Tür.

Mir schlotterten die Knie. Er musste mich stützen und die Tür der Lokomotive mit der zweiten Hand öffnen, die immer noch den Revolver hielt. Ich schaffte es kaum, die Metalltreppe runterzuklettern. Meine Beine knickten immer wieder ein, als ob man mir vorübergehend die Kniegelenke entfernt hätte.

»Auf Wiedersehen, Herr Lokomotivführer, und herzlichen Dank für erwiesene Höflichkeit«, lächelte Felix den leblosen Mann an, der sich am Armaturenbrett festhielt, während unter seinen Achseln zwei Schweißpfützen auf dem Unterhemd auseinander flossen. »Und bitte auch um Vergebung, wenn wir haben ein wenig belästigt.« Er ging auf das Funkgerät zu, das an der Wand neben dem Lokführer hing, riss es blitzschnell und unvermittelt wie der Biss einer Schlange aus der Verankerung und durchtrennte das schwarze, spiralförmige Kabel.

»Nur zu, Herr Fejerberg«, sagte er charmant. »Limousine wartet.«

David Grossman, *Eine Kutsche mit eintausendsechshundertundfuffzig Pferden* / in: David Grossman, Zickzackkind. Aus dem Hebräischen von Vera Loos und Naomi Nir-Bleimling. © 1996 Carl Hanser Verlag, München Wien

Karl-Heinz Jakobs

Die Räuber gehen baden

Eines Tages, vor vielen, vielen Jahren, kam eine Räuberbande aus dem Gebirge, um den Nordexpress zu überfallen. Am vorgesehenen Tatort versammelte der Räuberhauptmann seine Männer und rief: »Also, Jungs, wenn die Eisenbahn kommt, schmeißen wir einen Baumstamm auf die Schienen, dann muss der Zug halten, wir treiben die Fahrgäste zusammen und berauben sie.«

»Ay, ay, Chef«, riefen die Räuber.

»Hinterher stoßen wir sie alle von der Brücke in den reißenden Fluss«, rief der Räuberhauptmann.

»Ay, ay, Chef«, riefen die Räuber.

Sie legten sich zu beiden Seiten der Eisenbahnstrecke im Gebüsch auf die Lauer, und als sie eine Weile still gewartet hatten, dachte der Räuber Karl Ambrosius: Bin ich dumm? Es genügt doch, wenn ich mit dem einen Auge wache. Das andere mache ich zu und schone es inzwischen. Doch kaum hatte er das andere Auge zugemacht, da fiel ihm das eine Auge von selbst zu und er schlief ein.

Das war die Zeit, als es den drei Brüdern Fritz, Franz und Friedrich zu langweilig wurde, und sie beschlossen, gemeinsam bis tausend zu zählen. Fritz fing an und sagte leise: »Eins.« Dann sagte Franz leise: »Zwei.« Friedrich sagte leise: »Drei.« Fritz sagte: »Vier.« Franz sagte: »Fünf.« Friedrich sagte: »Sechs.« Fritz sagte: »Sieben.« Franz sagte: »Acht.« Friedrich sagte: »Neun.« Und als die Zahl siebenundsechzig gesagt werden sollte, waren sie alle drei eingeschlafen. Kurze Zeit danach schliefen auch die Räuber Herrmann Gurgel und Henry Schickstall ein, Otto Stulz ebenso wie Emil Korkenzöger und Hans Armbrecher.

Einer der Letzten, die noch wach waren, hieß Lutz Meier. Er lag ganz hinten im Gebüsch, und als er so dalag und keinen Mucks hörte, bekam er plötzlich Angst, denn er dachte, seine Kumpane hätten ihn verlassen, er richtete sich auf und rief leise: »Heda, wo seid ihr?«

Da wurde der Räuberhauptmann böse und rief leise von der anderen Seite der Eisenbahnstrecke herüber: »Pst!«

Als Lutz Meier an der Stimme seinen Chef erkannte, war er beruhigt und im Nu war er eingeschlafen.

Zum Schluss war nur noch der Räuberhauptmann wach. Er strich sich seinen Schnurrbart, schaute auf die Eisenbahnlinie und dachte stolz: Eine wachsame Räuberbande habe ich. Er schaute auf die Uhr. Noch eine Viertelstunde, dachte der Räuberhauptmann, dann schmeißen wir einen Baumstamm quer über die Schienen und rauben den Zug aus. Zufrieden lächelnd legte er seinen Kopf auf ein weiches Grasbüschel.

Und was soll ich euch sagen, kaum war der Räuberhauptmann eingeschlafen, da kam der Zug und fuhr vorüber.

Es war schon abends um halb sechs, als der Räuberhauptmann aufwachte. Er sprang auf die Beine und schrie: »Aufstehn, aufstehn, es ist halb sechs und der Zug ist schon durch.«

»Wenn der Zug durch ist«, murmelte der Räuber Hans Armbrecher im Schlaf, »wozu soll ich dann noch aufstehn.«

»Du gemeiner Hund!«, schrie der Räuberhauptmann. »Anstatt auf den Zug zu warten, bist du eingeschlafen. Los, Jungs, stoßt ihn von der Brücke.«

Die Räuber umringten den armen Hans, packten ihn und stießen ihn von der Brücke. Zuvor aber rief Hans Armbrecher: »Vor mir ist Herrmann Gurgel eingeschlafen!«

Da bekam Herrmann Gurgel Angst, und um sich zu

retten, schrie er: »Vor mir ist Henry Schickstall eingeschlafen.«

Und Henry Schickstall rief: »Vor mir sind Fritz, Franz und Friedrich eingeschlafen.«

Und da keiner schuld sein wollte, dass sie den Überfall auf den Nordexpress verschlafen hatten, begannen sie sich gegenseitig von der Brücke zu stoßen. Einer nach dem andern flog im hohen Bogen in den reißenden Strom und am besten hatten es jene, die schwimmen konnten, es konnten aber nicht viele schwimmen, denn Räuber sind bekanntlich wasserscheu.

Zum Schluss kämpften der Räuberfeldwebel und der Räuberhauptmann miteinander.

»Was bist du für ein Räuberfeldwebel, der nicht wach bleiben kann, wenn der Nordexpress ausgeraubt werden soll«, schrie der Räuberhauptmann.

»Und was bist du für ein Räuberhauptmann, der nicht wach bleiben kann, wenn der Nordexpress ausgeraubt werden soll«, schrie der Räuberfeldwebel.

So rangen sie also miteinander und sie stießen sich gegenseitig von der Brücke. Das war eine Geschichte aus der Zeit, als es noch Räuber in unserm Land gab.

Karl-Heinz Jakobs, *Die Räuber gehen baden* / in: Beate Hanspach u. Fred Rodrian (Hrsg.), Die Räuber gehen baden. © 1980 Der KinderbuchVerlag, Berlin

Erich Kästner

Ein Traum, in dem viel gerannt wird

Zum ersten Mal darf Emil allein nach Berlin fahren. Seine Großmutter und die Kusine Pony Hütchen erwarten ihn am Blumenstand im Bahnhof Friedrichstraße. Aber Emil kommt nicht, auch nicht mit dem nächsten Zug. Während die Großmutter und Pony Hütchen noch überlegen, was sie tun sollen, hat Emil sich schon in eine aufregende Verfolgungsjagd gestürzt. Quer durch die große, fremde Stadt, immer hinter dem Dieb her, der ihm im Zug sein ganzes Geld gestohlen hat. Zum Glück bekommt Emil bald Unterstützung: von Gustav mit der Hupe und seinen Jungs.

Plötzlich war es Emil, als führe der Zug immer im Kreise herum, wie die kleinen Eisenbahnen tun, mit denen die Kinder im Zimmer spielen. Er sah zum Fenster hinaus und fand das sehr seltsam. Der Kreis wurde immer enger. Die Lokomotive kam dem letzten Wagen immer näher. Und es schien, als täte sie das mit Absicht! Der Zug drehte sich um sich selber wie ein Hund, der sich in den Schwanz beißen will.

Und in dem schwarzen rasenden Kreise standen Bäume und eine Mühle aus Glas und ein großes Haus mit zweihundert Stockwerken.

Emil wollte nach der Zeit sehen und zog die Uhr aus der Tasche. Er zog und zog und schließlich war es die Standuhr aus Mutters Stube. Er sah aufs Zifferblatt und da stand drauf: ›185 Stunden-km. Es ist bei Lebensgefahr verboten, auf den Fußboden zu spucken.‹ Er blickte wieder aus dem Fenster. Die Lokomotive kam dem letzten Wagen immer näher. Und er hatte große Angst. Denn wenn die Lokomotive gegen den letzten Wagen fuhr, gab es natürlich ein Zugunglück. Das war klar. Emil wollte das unter keinen Umständen abwarten. Er öffnete die Tür und lief auf der Trittleiste entlang. Vielleicht war der Lokomotivführer eingeschlafen? Emil blickte, während er nach vorn kletterte, in die Kupeefenster. Nirgends saß jemand. Der Zug war leer. Nur einen einzigen Mann sah Emil, der hatte einen steifen Hut aus Schokolade auf, brach ein großes Stück von der Hutkrempe ab und verschlang es. Emil pochte an die Scheibe und zeigte nach der Lokomotive. Aber der Mann lachte nur, brach sich noch ein Stück Schokolade ab und strich sich über den Magen, weil es ihm so gut schmeckte.

Endlich war Emil am Kohlentender. Dann kletterte er, mit einem tüchtigen Klimmzug, zum Lokomotivführer hinauf. Der hockte auf einem Kutschbock, schwang die Peitsche und hielt Zügel, als seien Pferde vor den Zug gespannt. Und so war es tatsächlich! Drei mal drei Pferde zogen den Zug. Sie hatten silberne Rollschuhe an den Hufen, fuhren darauf über die Schienen und sangen: Muss i denn, muss i denn zum Städtele hinaus.

Emil rüttelte den Kutscher und schrie: »Durchparieren! Sonst gibt's ein Unglück!« Da sah er, dass der Kutscher niemand anders war als Herr Wachtmeister Jeschke. Der blickte ihn durchdringend an und rief: »Wer waren die anderen Jungens? Wer hat den Großherzog Karl angeschmiert?«

»Ich!«, sagte Emil.

»Wer noch?«

»Das sage ich nicht!«

»Dann fahren wir eben weiter im Kreise!«

Und Wachtmeister Jeschke schlug auf seine Gäule los, dass sie sich aufbäumten und dann noch schneller als vorher auf den letzten Wagen losflogen. Auf dem letzten Wagen aber saß Frau Jakob und fuchtelte mit den Schuhen in der Hand und hatte grässliche Angst, weil die Pferde schon nach ihren Zehen schnappten.

»Ich gebe Ihnen zwanzig Mark, Herr Wachtmeister«, schrie Emil.

»Lass gefälligst den Blödsinn!«, rief Jeschke und

hieb mit der Peitsche wie verrückt auf die Pferde ein.

Da hielt es Emil nicht länger aus und sprang aus dem Zug. Er schlug zwanzig Purzelbäume den Abhang hinunter, aber es schadete ihm nichts. Er stand auf und hielt nach dem Zug Umschau. Der stand still und die neun Pferde drehten die Köpfe nach Emil um. Wachtmeister Jeschke war aufgesprungen, schlug die Tiere mit der Peitsche und brüllte: »Hü! Los! Hinter ihm her!« Und da sprangen die neun Pferde aus den Schienen, sprengten auf Emil zu und die Wagen hüpften wie Gummibälle.

Emil überlegte nicht lange, sondern rannte, was er konnte, davon. Über eine Wiese, an vielen Bäumen vorbei, durch einen Bach, dem Wolkenkratzer zu. Manchmal sah er sich um; der Zug donnerte hinter ihm her, ohne abzulassen. Die Bäume wurden über den Haufen gerannt und zersplitterten. Nur eine Rieseneiche war stehen geblieben und auf ihrem höchsten Aste saß die dicke Frau Jakob, wehte im Wind, weinte und kriegte ihren Schuh nicht zu. Emil lief weiter.

In dem Haus, das zweihundert Stockwerke hoch war, befand sich ein großes schwarzes Tor. Er rannte hinein und hindurch und am andern Ende wieder hinaus. Der Zug kam hinter ihm her. Emil hätte sich am liebsten in eine Ecke gesetzt und geschlafen, denn er war so schrecklich müde und zitterte am ganzen Leibe. Aber er durfte nicht einschlafen! Der Zug ratterte schon durchs Haus.

Emil sah eine Eisenleiter. Die ging am Hause hoch, bis zum Dach. Und er begann zu klettern. Zum Glück war er ein guter Turner. Während er kletterte, zählte er die Stockwerke. In der 50. Etage wagte er es, sich umzudrehen. Die Bäume waren ganz klein geworden und die gläserne Mühle war kaum noch zu erkennen. Aber, o Schreck! Die Eisenbahn kam das Haus hinaufgefahren! Emil kletterte weiter und immer höher. Und der Zug stampfte und knatterte die Leitersprossen empor, als wären es Schienen.

100. Etage, 120. Etage, 140. Etage, 160. Etage, 180. Etage, 190. Etage, 200. Etage! Emil stand auf dem Dach und wusste nicht mehr, was er beginnen sollte. Schon war das Wiehern der Pferde zu hören. Da lief der Junge über das Dach hin bis zum anderen Ende, zog sein Taschentuch aus dem Anzug und breitete es aus. Und als die Pferde schwitzend über den Dachrand krochen und der Zug hinterher, hob Emil sein ausgebreitetes Taschentuch hoch über den Kopf und sprang ins Leere. Er hörte noch, wie der Zug die Schornsteine über den Haufen fuhr. Dann vergingen ihm für eine Weile Hören und Sehen.

Und dann plumpste er krach! auf eine Wiese.

Erst blieb er müde liegen, mit geschlossenen Augen,

und hatte eigentlich Lust, einen schönen Traum zu träumen. Doch weil er noch nicht ganz beruhigt war, blickte er an dem großen Hause hinauf und sah, wie die neun Pferde oben auf dem Dach Regenschirme aufspannten. Und der Wachtmeister Jeschke hatte auch einen Schirm und trieb damit die Pferde an. Sie setzten sich auf die Hinterbeine, gaben sich einen Ruck und sprangen in die Tiefe. Und nun segelte die Eisenbahn auf die Wiese herab und wurde immer größer und größer.

Emil sprang wieder auf und rannte quer über die Wiese auf die gläserne Mühle los. Sie war durchsichtig und er sah seine Mutter drinnen, wie sie gerade Frau Augustin die Haare wusch. Gott sei Dank, dachte er, und rannte durch die Hintertür in die Mühle.

»Muttchen!«, rief er. »Was mach ich bloß?«

»Was ist denn los, mein Junge?«, fragte die Mutter und wusch weiter.

»Sieh nur mal durch die Wand!«

Frau Tischbein blickte hinaus und sah gerade, wie die Pferde und der Zug auf der Wiese landeten und auf die Mühle loshetzten.

»Das ist doch Wachtmeister Jeschke«, sagte die Mutter und schüttelte erstaunt den Kopf.

»Er saust schon die ganze Zeit wie blödsinnig hinter mir her!«

»Na und?«

»Ich habe neulich dem Großherzog Karl mit der schiefen Backe auf dem Obermarkt eine rote Nase und einen Schnurrbart ins Gesicht gemalt.«

»Ja, wo solltest du denn den Schnurrbart sonst hinmalen?«, fragte Frau Augustin und prustete.

»Nirgendshin, Frau Augustin. Aber das ist nicht das Schlimmste. Er wollte auch wissen, wer mit dabei war. Und das kann ich ihm nicht sagen. Das ist doch Ehrensache.«

»Da hat Emil Recht«, meinte die Mutter, »aber was machen wir nun?«

»Stellen Sie mal den Motor an, liebe Frau Tischbein«, sagte Frau Augustin.

Emils Mutter drückte am Tisch einen Hebel herunter und da begannen sich die vier Mühlenflügel zu drehen, und weil sie aus Glas waren und weil die Sonne schien, schimmerten und glänzten sie so sehr, dass man überhaupt kaum hinblicken konnte. Und als die neun Pferde mit ihrer Eisenbahn angerannt kamen, wurden sie scheu, bäumten sich hoch auf und wollten keinen Schritt weiter. Wachtmeister Jeschke fluchte, dass man es durch die gläsernen Wände hörte. Aber die Pferde wichen nicht von der Stelle.

»So, und nun waschen Sie mir meinen Schädel ruhig weiter«, sagte Frau Augustin, »Ihrem Jungen kann nichts mehr passieren.«

Frau Frisöse Tischbein ging also wieder an die

Arbeit. Emil setzte sich auf einen Stuhl, der war auch aus Glas, und pfiff sich eins. Dann lachte er laut und sagte: »Das ist ja großartig. Wenn ich früher gewusst hätte, dass du hier bist, wäre ich doch gar nicht erst das verflixte Haus hochgeklettert.«

»Hoffentlich hast du dir nicht den Anzug zerrissen!«, sagte die Mutter. Dann fragte sie: »Hast du auf das Geld gut Obacht gegeben?«

Da gab es Emil einen riesigen Ruck. Und mit einem Krach fiel er von dem gläsernen Stuhl herunter.

Und wachte auf.

Erich Kästner, *Ein Traum, in dem viel gerannt wird* / in: Erich Kästner, Emil und die Detektive.
© 1929 Atrium Verlag, Zürich
Das Buch ist beim Cecilie Dressler Verlag lieferbar.

Gunnel Linde

Das Glück beginnt

Niki hat's gut: Sie fährt übers Wochenende zu Oma. Und das Tollste ist, dass ihr auf der Zugfahrt dorthin ein kleiner Hund zuläuft. Doch das ist erst der Anfang von Nikis großer Glückssträhne.

Niki und Anton saßen sich gegenüber am Fenster im Zug. Sie waren auf dem Weg zu Oma, der Mutter von Papa. Papa saß ganz außen an der Tür. Falls er rausgehen und eine Zigarette rauchen wollte. Obwohl er eigentlich mit dem Rauchen aufgehört hatte.

Anton hatte schlechte Laune.

»Warum müssen wir ausgerechnet an diesem Samstag zu Oma, wo ich ein Fußballmatch habe?«, sagte er.

»Weil Oma es so möchte«, antwortete Papa. »Heute vor drei Jahren ist Opa gestorben. Oma will, dass wir bei ihr sind und diesen Tag mit ihr feiern.«

»Das ist doch kein Grund zum Feiern!«, sagte Anton. »Dass jemand gestorben ist!«

»Jetzt hat Opa keine Schmerzen mehr im Bein«, sagte Niki. »Das ist schon ein Grund zum Feiern.«

»Erst weint Oma und dann feiert sie«, erzählte Papa. »Am ersten Tag weint sie, weil Opa nicht mehr da ist. Am nächsten Tag freut sie sich, dass es ihn einmal gegeben hat und weil wir da sind. Und deshalb fahren wir zu ihr. Damit sie nicht so allein ist.«

Anton unterdrückte einen Seufzer. Er hatte Oma ja auch gern. Trotzdem war die Reise langweilig. Nichts als Landschaft vor dem Fenster und ein bisschen Grau.

Niki blinzelte. Irgendetwas brannte in ihren Augen. Sie blinzelte und blinzelte und plötzlich war das Brennen weg und auf ihrer Hand lag ein winziges, feines Härchen.

»Eine Wimper! Mir fallen alle Wimpern aus!«, rief Niki erschrocken.

»Unsinn«, sagte Papa. »Sie fallen dir nicht alle aus, nur manchmal eine. Das passiert ab und zu und das bringt Glück, du.«

»Dann hab ich jetzt Glück«, sagte Niki zufrieden und betrachtete ihre Wimper ganz genau. »Glück!«

»Ich will auch Glück!«, sagte Anton und zupfte sich zum Spaß eine Wimper aus.

»So geht das nicht«, sagte Papa. »Ganz zufällig muss es passieren, nur dann kommt das Glück.«

Und richtig, als der Zug wieder hielt, begann Nikis Glück. Eine Frau kam ins Abteil und setzte sich neben Niki. Das war natürlich noch kein Glück, aber die Frau hatte einen kleinen Hund dabei und der guckte von Anfang an nur Niki an. Er legte seine Vorderpfoten auf die Armlehne zwischen den Sitzen, und als Niki sich ein wenig vorbeugte, leckte der Hund mit seiner Zunge über ihren Arm. Er hatte eine kleine rosafarbene, warme, feuchte Zunge und das war ein richtig schönes Gefühl in der Armbeuge. Ein bisschen kitzelte es auch.

»Er mag dich«, sagte die Frau. »Übrigens heißt er Fritz.«

Anton seufzte.

Als Fritz Nikis Armbeuge genug geleckt hatte, leckte er den ganzen Arm. Wahrscheinlich dachte er, dass Niki sich heute noch nicht gewaschen hatte.

»Kannst du ihn einen Augenblick festhalten, damit ich aufs Klo gehen kann?«, fragte die Frau.

»Ich kann ihn auch ganz lange festhalten«, sagte Niki.

Die Frau ging zum Klo und Papa ging auch hinaus, um zu rauchen. Der Zug hielt in einem Ort an. Als er wieder anfuhr, sahen Niki und Anton, wie ein Bahnbeamter und einige Leute die Hundefrau über den

Bahnsteig schleppten und auf eine Bank setzten. Jemand zog ein Erfrischungstuch aus der Tasche und wischte der Frau damit über die Stirn.

Dann kam Papa zurück ins Abteil.

»Ich glaub, die Frau ist ohnmächtig geworden«, sagte Anton. »Draußen auf dem Bahnsteig.«

»Und wo ist sie jetzt?«, fragte Papa.

»Wo wir eben gehalten haben«, antwortete Anton. »Sie haben sie auf eine Bank gesetzt.«

»Und wir sitzen da mit dem Hund!«, sagte Papa. »Was machen wir denn jetzt mit ihm?«

»Du darfst ihn nicht rausschmeißen«, sagte Niki. »Dann tut er sich bestimmt weh.«

Papa untersuchte das Halsband des Hundes. Am Rand stand eine Telefonnummer. Da seufzte Papa. »Es hilft wohl nichts«, sagte er. »Wir müssen den Hund mit zu Oma nehmen und von dort aus anrufen.«

Plötzlich hatte Niki einen Hund! Sie kraulte ihn hinter dem Ohr und flüsterte: »Du sollst nicht Fritz heißen. Bei mir heißt du Blitz!«

Dann machte Niki mit Blitz einen Spaziergang durch den ganzen Zug. Sie gingen und gingen. Manchmal blieben sie stehen, damit die Leute, die Lust dazu hatten, Blitz streicheln konnten.

Am Ende des Zuges pinkelte Blitz gegen einen grünen Koffer. Aber da kehrte Niki wieder um und ging schnell weg, damit niemand etwas davon merkte und mit Blitz schimpfte. Das tat auch niemand. Niki hatte Glück.

»Ich hab einen Wagen gesehen, da kann man Kaffee, Süßigkeiten und grüne Kuchen kaufen«, erzählte sie, als sie zurückkam.

Papa kriegte leuchtende Augen.

»Darf man denn Hunde mitnehmen in den Wagen?«, fragte Anton.

»Wohl kaum. Ich warte hier mit dem Hundevieh«, sagte Papa. »Geht ihr zuerst. Aber bleibt nicht zu lange weg. Ich hab jetzt richtigen Kaffeedurst.«

Dann gab er jedem ein paar Kronen, damit sie sich etwas kaufen konnten.

»Du bist schuld, dass Papa nicht mitgehen kann«, schimpfte Anton, als sie losgingen. »Alles nur wegen diesem blöden Hund…«

»He, was soll das? Schließlich haben Blitz und ich den Wagen mit dem Essen gefunden!«, sagte Niki.

Vor dem Tresen mit den Kuchen war eine lange Schlange. Oje, da würde Papa wohl lange warten müssen!

Anton und Niki standen hinter einem Mann, der so groß und so dick war, dass sie nicht mehr nach vorne sehen konnten. Anton maulte leise vor sich hin.

»Ich ruf bei der Kasse an!«, sagte Niki.

Sie holte ihr Scheintelefon aus der Tasche und hielt sich den Hörer ans Ohr.

Anton guckte genervt. Er mochte Nikis Als-ob-Spiele nicht.

»Rring-rring!«, machte Niki.

Niemand achtete auf sie.

Niki guckte hinter dem dicken Mann hervor, um zu sehen, ob die Kassiererin das Klingeln gehört hatte. Das hatte sie natürlich nicht. Sie drückte weiter auf die Tasten an ihrer Kasse. Da ging Niki zu ihr hin und tippte sie an.

»Was hast du für eine Telefonnummer?«, fragte sie. »Ich muss dich anrufen wegen zwei grüner Kuchen und dem Paket Kekse da!«

»Lass sie nur vor«, sagte ein Mann, der der Kasse am nächsten war.

Und dann kam tatsächlich Niki sofort dran. Sie hatte wirklich Glück!

Anton war sauer, weil er in der Schlange warten musste mit seinem Geld. Er seufzte so sehr, dass ein leiser Windhauch an der Schlange vor ihm vorbeistrich.

»Gib mir den einen grünen Kuchen«, sagte er zu Niki. Aber er kriegte ihn nicht. Der Kuchen war für Papa.

Gunnel Linde, *Das Glück beginnt* / in: Gunnel Linde, Nikis Glückssträhne (Lesekönig).
© 1996 Loewe Verlag, Bindlach

Saki

Die verirrte Maus

Theodoric Voler hatte sich von frühester Kindheit an bis zum Erreichen reiferer Jahre in der Obhut einer liebevollen Mutter befunden, deren Hauptsorge darin bestanden hatte, ihn von den, wie sie es nannte, unfeineren Realitäten des Lebens fern zu halten. Als sie starb, ließ sie Theodoric in einer Welt zurück, die so real war wie eh und je und erheblich unfeiner, als er sie bisher erfahren hatte.

Für einen Mann wie ihn bedeutete selbst eine Eisenbahnreise nichts als Ärgernis und Unannehmlichkeit. Als er es sich an einem Septembermorgen in einem Zweiter-Klasse-Abteil bequem machte, hatte er das Gefühl, geistig und seelisch völlig aus dem Gleichgewicht geraten zu sein. Er hatte sich vorübergehend in einem Pfarrhaus auf dem Land aufgehalten, dessen Bewohner gewiss weder zu Rohheiten noch zu Ausschweifungen neigten, doch war die

Haushaltsführung von jener nachlässigen Art gewesen, die Katastrophen geradezu heraufbeschwört. Der Ponywagen, mit dem er zum Bahnhof gebracht werden sollte, war nicht ordnungsgemäß bestellt worden, und als der Zeitpunkt von Theodorics Abreise näher rückte, hatte man auch den Mann, der für besagten Wagen zuständig war, vergeblich gesucht. In seiner Not hatte sich Theodoric mit stummem, aber heftigem Widerwillen gezwungen gesehen, das Pony mit Hilfe der Pfarrerstochter selbst anzuschirren, wobei sie in einem schlecht beleuchteten Nebengebäude umhertappten, das sich Stall nannte und auch penetrant so roch – sah man einmal von den Stellen ab, an denen es nach Mäusen stank. Theodoric fürchtete sich zwar nicht gerade vor Mäusen, doch er ordnete sie den unfeineren Dingen des Lebens zu.

Als der Zug aus dem Bahnhof rollte, glaubte er nicht nur, einen schwachen Stallgeruch zu verbreiten, sondern bildete sich auch ein, dass an seinem sonst so ordentlich gebürsteten Anzug noch ein paar verrottete Strohhalme hafteten. Zum Glück befand sich außer ihm nur noch eine etwa gleichaltrige Dame im Abteil, die ein Schläfchen einer eingehenden Prüfung seiner Person vorzuziehen schien. Da der Zug zudem erst wieder an der Endstation halten würde, also ungefähr in einer Stunde, und der Wagon zu jener altmodischen Sorte zählte, in der es keinen Gang gab, war es höchst unwahrscheinlich, dass Theodorics weitgehende Ungestörtheit von weiteren Mitreisenden zunichte gemacht würde. Doch kaum hatte der Zug seine normale Geschwindigkeit erreicht, kam Theodoric mehr als widerwillig die unliebsame Erkenntnis, dass er keineswegs mit der schlummernden Dame allein war – ja, er war nicht einmal in seinen Kleidern allein. Ein warmes Krabbeln auf seiner Haut verriet ihm die unangenehme und höchst störende Anwesenheit einer verirrten Maus auf zwar unsichtbare, aber ausgesprochen irritierende Weise. Offensichtlich hatte sich das Tierchen während des Ponyanschirrens an seinen gegenwärtigen Aufenthaltsort verirrt.

Weder heimliches Aufstampfen noch Schütteln oder zielloses Knuffen schienen Eindruck auf den ungebetenen Gast zu machen, dessen einziges Ziel es offenbar war, nach oben zu kommen. Der rechtmäßige Eigentümer der Kleider lehnte sich in die Polster zurück und suchte krampfhaft nach einer Möglichkeit, wie er dem doppelten Besitzanspruch ein Ende bereiten konnte. Völlig ausgeschlossen, noch eine geschlagene Stunde in dieser entsetzlichen Situation zu verharren und als Asyl für vagabundierende Mäuse zu dienen. (In Theodorics Phantasie hatte sich die Anzahl der feindlichen Eindringlinge bereits mindestens verdoppelt.) Andererseits konnte ihn nur die drastische Maßnahme, die Hosen herunterzulassen, von seinem Peiniger befreien. Doch allein der Gedanke, sich in Gegenwart einer Dame zu entkleiden, trieb ihm die Schamröte bis in die Haarspitzen – auch wenn der Grund durchaus ehrenwert war. Bisher hatte er sich nicht einmal überwinden können, in Anwesenheit des schönen Geschlechts Socken mit Lochmuster zu tragen. Und doch – in diesem Fall schien die Dame allem Anschein nach tief und fest zu schlafen, während sich die Maus allergrößte Mühe gab, ein ganzes Wanderjahr in ein paar rastlosen Minuten zu absolvieren. Wenn an der Theorie der Wiedergeburt etwas Wahres war, dann musste diese Maus in einem früheren Leben zweifellos Mitglied des Alpenvereins gewesen sein. Manchmal verlor sie in der Eile den Halt und rutschte wieder einige Zentimeter hinab. Und dann biss sie zu, vielleicht aus Angst, aber wahrscheinlich eher aus Wut.

All das trieb Theodoric zu der tollkühnsten Tat seines Lebens. Er nahm die Färbung einer roten Rübe an, und während er mit gequältem Blick seine schlafende Reisegefährtin im Auge behielt, befestigte er rasch und geräuschlos die Zipfel seiner Reisedecke an den sich gegenüberliegenden Gepäcknetzen, sodass das Abteil von einem undurchlässigen Vorhang durchtrennt wurde.

In der schmalen Garderobe, die auf diese Weise entstanden war, begann er nun, mit wilder Hast sich teilweise und die Maus vollständig aus der schützenden Hülle aus Tweed und Halbwolle zu schälen. Als die befreite Maus mit einem wilden Satz auf den Boden sprang, rutschten beide Zipfel der Decke aus ihrer Halterung und mit einem Geräusch, das sein Herz fast zum Stillstand brachte, glitt der Vorhang zu Boden. Fast gleichzeitig schlug die aus dem Schlaf gerissene Dame ihre Augen auf. Mit einem Satz, der den der Maus an Schnelligkeit beinahe noch übertraf, stürzte sich Theodoric auf die Decke und zerrte die Stoffmassen über seinen entblößten Körper bis unter das Kinn, bevor er in der Abteilecke zusammensank. Das Blut raste ihm in den Adern und hämmerte in seinen Schläfen, während er stumm darauf wartete, dass die Notbremse gezogen würde. Die Dame begnügte sich jedoch damit, ihren seltsam vermummten Mitreisenden schweigend und starr anzublicken. Wie viel sie wohl mit angesehen hatte, fragte sich Theodoric. Und was mochte sie von seinem gegenwärtigen Aufzug halten?

»Ich glaube, ich habe mich erkältet«, sagte er schließlich verzweifelt.

»Das tut mir wirklich Leid«, erwiderte die Dame. »Und ich wollte Sie gerade bitten, das Fenster zu öffnen.«

»Vermutlich ist es Malaria«, fügte er hinzu und

klapperte ein wenig mit den Zähnen, einerseits aus Angst, andererseits um seine Geschichte zu erhärten.

»Ich habe in meiner Reisetasche etwas Brandy. Wenn Sie sie mir liebenswürdigerweise herunterreichen würden«, sagte seine Reisegefährtin.

»Niemals... ich wollte sagen, ich nehme nie etwas dagegen«, versicherte er ihr ernsthaft.

»Ich nehme an, Sie haben sich die Malaria in den Tropen geholt?«

Theodoric, dessen Bekanntschaft mit den Tropen sich in der Kiste Tee erschöpfte, die ihm ein Onkel auf Ceylon jedes Jahr zum Geschenk machte, schien es, als ob selbst die Malaria ihn im Stich lassen würde. Er fragte sich, ob es wohl möglich war, ihr die wahre Sachlage in kleinen Raten zu offenbaren.

»Haben Sie Angst vor Mäusen?«, erkundigte er sich zögernd und errötete dabei, sofern das überhaupt möglich war, noch mehr.

»Nur wenn sie in Massen auftreten. Warum fragen Sie?«

»Weil gerade eine in meinen Kleidern herumgekrabbelt ist«, sagte Theodoric mit einer Stimme, die kaum noch seine eigene zu sein schien. »Wirklich eine ausgesprochen unangenehme Situation.«

»O ja, vor allem wenn die Kleider so eng sitzen«, bemerkte sie. »Aber Mäuse haben manchmal merkwürdige Vorstellungen von Bequemlichkeit.«

»Ich verscheuchte die Maus, während Sie schliefen«, fuhr er fort und setzte dann schluckend hinzu: »Und so ist es passiert.«

»Aber man erkältet sich doch nicht, bloß weil man eine kleine Maus vertreibt«, rief sie mit einer Gedankenlosigkeit, die Theodoric unverständlich war.

Augenscheinlich hatte sie seine missliche Lage bemerkt und ergötzte sich nun an seiner Verlegenheit. In seinem ganzen Körper schien sich das Blut zu einer geballten Schamröte gesammelt zu haben und die Pein der Demütigung – schlimmer als zehntausend Mäuse – lag ihm auf der Seele. Als sich endlich wieder sein Verstand meldete, wich die Demütigung schierem Entsetzen. Mit jeder Minute, die verstrich, raste der Zug näher auf den überfüllten und geschäftigen Bahnhof zu, wo dutzende neugieriger Augen das eine lähmende Paar, das ihn aus der anderen Abteilecke beobachtete, ersetzen würden. Es bestand nur noch eine winzige verzweifelte Chance und über sie würden die nächsten Minuten entscheiden.

Vielleicht sank seine Reisegefährtin noch einmal in einen sanften Schlummer. Doch die Minuten verstrichen und jene Chance schwand dahin. Die verstohlenen Blicke, die Theodoric ihr von Zeit zu Zeit zuwarf, verrieten ihm nur unveränderte Wachheit.

»Ich glaube, wir sind bald da«, bemerkte sie kurz darauf.

Theodoric hatte bereits mit wachsendem Entsetzen die auftauchenden Schornsteine kleiner hässlicher Häuser bemerkt, die das Ende der Reise ankündigten. Die Worte wirkten wie ein Signal. Wie ein gehetztes Tier, das aus der Deckung bricht und sich rasend vor Angst in einen anderen Unterschlupf flüchtet, der ihm vorübergehend Sicherheit bietet, schleuderte er seine Decke beiseite und kämpfte sich in wilder Hast in seine zerknitterten Kleider. Er nahm die an den Fenstern vorbeirasenden öden Vorstadtbahnhöfe wahr, das erstickende, hämmernde Gefühl, das ihm Herz und Kehle zuschnürte, und das eisige Schweigen aus jener Ecke, in die er nicht zu schauen wagte. Als er endlich angezogen und fast dem Wahnsinn nahe auf seinen Sitz zurückgesunken war, verringerte der Zug seine Geschwindigkeit, bis er nur noch langsam dahinkroch.

Da sagte die Dame: »Würden Sie so liebenswürdig sein, mir einen Gepäckträger zu rufen, der mich zu einem Taxi bringt? Es tut mir Leid, dass ich Sie belästigen muss, wo Sie sich doch nicht wohl fühlen. Aber als Blinde ist man auf Bahnhöfen immer so hilflos.«

Saki, *Die verirrte Maus* / in: Angelika Feilhauer und Cornell Ehrhardt (Hrsg.), Der Schmunzel-Omnibus. Aus dem Englischen von Angelika Feilhauer.
© 1997 C. Bertelsmann Verlag, München

Colin Thiele

In der Falle

Gonunda, eine ländliche Kleinstadt im Süden Australiens, in den zwanziger Jahren dieses Jahrhunderts: Es ist der Sommer, in dem Benno Schulz dreizehn wird und endlich mit der Schule fertig ist. Sein Vater will ihn in seine zukünftigen Aufgaben als Farmer einarbeiten, doch Benno hat ganz andere Sachen im Kopf. Und so dauert es nicht lange und er steckt mitten in einem Streit zwischen dem dicken Adolf Heinz und dem smarten Jack Ryan.

Sie schlichen sich zu den Weizenschobern neben den Gleisen und kundschafteten ihren Weg durch die Dunkelheit sorgfältig aus.

»'ne Lampe müssten wir haben«, flüsterte Benno.

»Pass auf, dass es dich nicht auf die Schnauze haut.«

Die Schuppen waren riesig und erstreckten sich in langen rechteckigen Blöcken neben den Schienen.

»Ich sehe welche«, sagte Benno, der zum Dach hinaufspähte.

»Aber da brauchen wir 'ne lange Leiter.«
»Draußen ist eine – neben dem Schober.«
»Also los, holen wir sie.«
Sie schlichen sich auf Zehenspitzen nach draußen und huschten schnell hinüber zum Schober.
»Da ist sie. Nimm du das Ende hier.«
Sie waren gerade dabei, sich die Leiter zu schnappen und sie zum Schuppen zu tragen, als Benno Victor mit der Hand berührte und zurück in den Schatten an der Wand des Schobers drängte.
»Pst! Da kommt wer.«
Sie hockten sich beide gespannt nieder. Vom Versammlungshaus her hallten Schritte über das Rangiergelände. Schritte und Stimmen, eine männlich, eine weiblich. Benno und Victor spähten verstohlen wie Kundschafter. Das Pärchen ging eng umschlungen – ein Körper mit vier Füßen und zwei Stimmen.
»Nein«, sagte die weibliche Stimme. »Nicht auf die Tenne.«
»Wieso denn nicht?«
»Sie werden uns entdecken.«
»Und wenn schon.«
»Ma bringt mich um, wenn sie's rausfindet. Und Dad genauso.«
»Ich beschütze dich.«
Man hörte ersticktes Murmeln und Kussgeräusche. Benno wäre vor Überraschung fast zusammenge-

brochen. »Das ist Eddie«, flüsterte er. »Eddie Krieg und Louisa.« Eddie litt offensichtlich an Liebe und hohem Blutdruck.

»Bitte, Louisa, komm mit in den Weizenschober. Da sind jede Menge kleiner Mulden.«

»Nein.«

»Komm schon.«

»Nein, ich würde mir vorkommen wie ein billiges Flittchen.«

Wieder Stille, dann erneut schmatzende Geräusche und Gemurmel.

»Weißt du was?« Eddie hörte sich auf einmal ganz begeistert an. »Wir steigen in den Güterwagon.«

»Welchen Güterwagon?«

»Den hier. Da ist jede Menge Platz drin. Ich hab ihn heute beladen.«

Louisa hörte sich unsicher an. »Ich glaube nicht, dass wir das tun sollten.«

»Er ist hübsch gemütlich. Hat sogar 'ne Plane. Da kann uns unmöglich jemand sehen.«

»Na ja ... Und wie kommen wir rein?«

»Über die Laderampe. Da, ich helfe dir.«

Benno und Victor sahen einen Moment lang zwei Gestalten, die sich vom Himmel abhoben, während Eddie und seine Geliebte von der Laderampe über die Weizensäcke stiegen und dann hinter den hohen Seitenwänden des Eisenbahnwagons verschwanden.

Victor machte durch die Zähne ein zwitscherndes Geräusch.

»Jungejunge«, flüsterte Benno. »Damit habe ich aber ganz schön was gegen sie in der Hand!«

Victor hielt kurz inne. »Sollen wir die Leiter jetzt noch holen?«

»Klar. Aber pass auf, wo du hintrittst. Still sein heißt die Devise.«

Sie schafften es, die Leiter wegzutragen, ohne die Liebenden im Wagen aufzuschrecken.

»Da kannst du mal sehen, wie praktisch es ist, wenn man Verlader ist, so wie Eddie«, sagte Victor, als sie endlich zurück bei den Schuppen waren und wieder normal reden konnten. »Man weiß halt immer, wo ein freies Plätzchen ist.«

Benno schnaubte verächtlich. »Schönes Plätzchen!«

»Hätte gar nichts dagegen, Verlader zu sein«, meinte Victor.

Benno war kurz angebunden. »Halt die Leiter fest, sonst verlädst du sie dir noch auf den Kopf.

Das Taubenfangen war harte Arbeit und es war gefährlich.

Immer abwechselnd mussten sie sechs oder sieben Meter bis zu den Dachbalken hochsteigen, mit einer Hand eine Taube fest greifen und wieder runtersteigen, ohne in einem Chaos aus Flügelgeflatter und Federgewirbel zu versinken. Sechs Tiere hatten sie schon gefangen, als Victor innehielt und warnend den Zeigefinger hob.

»Horch! Zug im Anmarsch.«

Benno blieb reglos stehen. »Güterzug«, erklärte er. »Richtung Adelaide.«

»Gehen wir's anschauen.«

»Gleich. Wart's ab, bis wir noch zwei Stück haben. Dann kriegt jeder von uns 'nen Shilling.«

Sie wechselten sich an der Leiter ab und machten sich wieder an die Arbeit. Während sie so beschäftigt waren, konnten sie hören, wie der Zug durch den Durchstich stampfte und schließlich in den kleinen Bahnhof einrollte. Die Dachbalken bebten, als er vorüberfuhr.

»Beeil dich«, rief Victor. »Sonst verpassen wir ihn noch.«

Benno hielt sich gefährlich gegen das Dach gelehnt, als wäre er eine Fliege. »Die Letzte noch«, rief er zur Antwort.

Sie hörten ein paar entfernte, scheppernde Geräusche und das sanfte Puffen der Lokomotive, als sie auf den Rangiergleisen vor- und zurückstieß.

»Erwischt!«, rief Benno triumphierend. »Ich komm runter.«

Sie packten ihre Beute zu den übrigen sieben Tauben, die schon im Beutel waren, und banden die Öffnung fest mit einer Schnur zu.

»Sollen wir die Leiter zurückbringen?«

»Gleich. Schaun wir erst noch ein bisschen zu.«

Sie krochen schnell ins Freie und bogen um die Ecke des Schuppens. Im selben Moment stieß die Lokomotive einen kurzen Pfiff aus und schnaufte dann mächtig.

»Weg ist er«, rief Victor. »Wir haben ihn verpasst.«

»Ziemlich fix«, antwortete Benno. »Hat bloß 'n paar Wagons mitgenommen.«

Die Lokomotive keuchte und rülpste dichten Qualm gegen den nächtlichen Himmel. Die lange Folge von Wagons schepperte und setzte sich hinter ihr in Bewegung. Plötzlich ertönte ein Schrei und der Umriss von Eddie Krieg kam aus dem Innern des Wagons zum Vorschein, der ihnen am nächsten war. Eddie stieg auf die flache Schicht von Weizensäcken, die erst an diesem Nachmittag darauf verladen worden waren. Im nächsten Moment kletterte Louisa verzweifelt hinterher.

»Aufhören, anhalten! Anhalten!«, schrie Eddie, so laut er konnte. »Anhalten! Anhalten!«

Das Dröhnen der Lokomotive übertönte seine Stimme. Er klammerte sich verzweifelt an der Laderampe fest, aber sie wurde ihm unter den Fingern weggezerrt und zog sich schnell zurück, als der Zug sich entfernte.

»Warte!«, kreischte Louisa. »Warte, warte!«

Benno und Victor hörten ihre Schreie und rannten das Gleis entlang. Ein paar Augenblicke lang rannten sie neben dem Wagon her und versuchten mit aller Kraft, Schritt zu halten.

»Springt! Schnell, springt ab!«

Aber es war bereits zu spät. Eddie hätte es vielleicht noch geschafft, aber er konnte Louisa nicht zurücklassen. Der Zug beschleunigte schnell und Schatten und Dunkelheit hüllten sich um die Wagons. Steinbrocken, alte Schwellen und Schotter lagen neben der Strecke verstreut; ein unkontrollierter Abgang stand jetzt nicht mehr zur Debatte.

»Hilf mir, Benno!«, schrie Louisa hysterisch. »Hilf mir runter!«

Sie stand ganz oben auf der Ladung Säcke auf dem Wagon und der Wind wehte durch ihr Haar. Eddie stand neben ihr, umklammerte ihre Schulter und schaute verzweifelt um sich.

»Zu spät!«, schrie Benno, der zickzack lief, sich duckte und über Hindernisse hinwegsprang, in dem Versuch, Schritt zu halten. »Ihr müsst bis zum nächsten Stopp mitfahren.«

Victor keuchte neben ihm her und mühte sich ab, den Anschluss nicht zu verlieren. »Aber das könnte Port Adelaide sein«, schnaufte er. »Stunden um Stunden von hier.«

Benno war zu Tode besorgt um seine Schwester.

Obwohl er oft mit ihr stritt, war es unerträglich, mit anzusehen, wie sie auf einem Güterzug in die Nacht hinausgetragen wurde wie ein Sack Weizen.

»Halte durch!«, rief er. »Uns fällt schon was ein.«

Die Lokomotive stieß einen spöttischen Pfiff aus und legte einen Zahn zu. Benno und Victor gaben auf und blieben keuchend neben den Gleisen stehen, während die beiden kleinen, roten Laternen an der Rückseite des Dienstwagens in die Ferne davonblinkten.

»Heiliges Kanonenrohr«, sagte Benno. »Und was machen wir jetzt?«

Colin Thiele, *In der Falle* / in: Colin Thiele, Im Tal der Sonne.
Aus dem Englischen von Carsten Mayer.
© 1996 C. Bertelsmann Verlag, München
Originalverlag: Landsdowne Publishing, Sydney

Jules Verne

Können Züge fliegen?

Im Londoner Reformklub schließt ein reicher Engländer eine Wette ab: Er will in 80 Tagen um die Erde reisen. Sein Name ist Phileas Fogg. Damit beginnt die verrückteste Reise, die man sich vorstellen kann. Mr. Fogg setzt sein ganzes Vermögen ein und besteigt noch am selben Abend den Zug nach Dover...

Passepartout war glücklich, wieder seine Lieblingsbeschäftigung betreiben zu können, selbst wenn es in einem Eisenbahnwagen geschah.

Passepartout musste den Steward um Rat fragen und bald kam er mit zwei kompletten Kartenspielen, Notizzetteln, Spielmarken und einem tuchbezogenen Spieltisch zurück. Nichts fehlte, das Spiel konnte beginnen. Mrs. Aouda war keine schlechte Spielerin und der gestrenge Mr. Fogg spendete ihr sogar gelegentlich Lob. Der Polizeibeamte war tatsächlich erstklassig, ein würdiger Partner Mr. Foggs.

»Jetzt haben wir ihn festgenagelt«, sagte sich Passepartout. »Er wird sich nicht mehr vom Platz rühren.«

Um 11 Uhr vormittags erreichte der Zug in 7524 Fuß Höhe über dem Meeresspiegel die Station von Passe Bridger, das die Wasserscheide zwischen den beiden großen Ozeanen bildet und gleichzeitig einer der höchstgelegenen Punkte der Eisenbahnlinie durch die Rocky Mountains ist. Nach ungefähr 200 Meilen Talfahrt befanden sich die Reisenden in der weiten Ebene, die sich bis zum Atlantik erstreckt und der Anlage eines Schienenweges keinerlei Hemmnisse entgegensetzte.

Hier, am Rande des Atlantischen Beckens, entspringen etliche *Rios*, direkte oder indirekte Nebenflüsse des Nord-Platte-Flusses. Um den ganzen nördlichen und östlichen Horizont erblickten die Reisenden wie eine mächtige halbkreisförmige Bastion den Nordteil der Rocky Mountains mit dem hoch aufragenden Laramie Peak. Zwischen dem Gebirge und der Eisenbahnlinie sahen sie eine weite Ebene, die von vielen Wasserläufen durchzogen wurde. Rechts vom Schienenweg erhoben sich die untersten Stufen eines Bergmassivs, das weit nach Süden hinunter reichte bis zum Quellgebiet des Arkansas, dessen Wassermassen in den Missouri strömen.

Um halb 1 Uhr erspähten die Reisenden für einen kurzen Augenblick Fort Halleck, das die ganze Gegend beherrschte. In wenigen Stunden würde man endgültig die Region der Rocky Mountains verlassen haben. Es war kaum anzunehmen, dass sich jetzt noch ein Zwischenfall ereignete, nachdem die schwierigste Strecke überwunden war. Inzwischen hatte es aufgehört zu schneien. Dafür herrschte beißender Frost. Große Vögel flogen beim Herannahen der Lokomotive erschreckt auf, aber sonst sah man keine Tiere; weder Bären noch Wölfe zeigten sich in der Ebene. Hier war nun die vollkommen nackte Wüste.

Nach einem schmackhaften Mittagsmahl, das im Wagen selbst serviert wurde, hatten Mr. Fogg und seine Partner gerade wieder ihr niemals endendes Whistspiel aufgenommen, da ertönte ein gellendes Pfeifensignal und der Zug stand.

Passepartout steckte den Kopf aus der Tür, konnte aber nicht den Grund für diesen plötzlichen Aufenthalt entdecken.

Eine Station war auch nicht in Sicht.

Mrs. Aouda und Mr. Fix mussten einen Augenblick lang befürchten, dass Mr. Fogg aus dem Wagen steigen könnte. Er begnügte sich aber damit, seinen Diener aufzufordern, einmal nachzuschauen, was passiert sei.

Passepartout sprang aus dem Wagen. Draußen auf den Schienen hatten sich bereits etwa 40 Fahrgäste versammelt, unter ihnen auch Oberst Stamp W. Proctor.

Der Zug hatte vor einem Rotlichtsignal halten müssen. Der Lokomotivführer und der Zugführer stritten sich mit einem Streckenwärter. Der Mann war vom Stationsvorsteher in Medicine Bow, der nächsten Haltestelle, ausgeschickt worden, um den Zug abzufangen. Mehrere Reisende, darunter auch der großsprecherische Oberst, begannen sich in die Auseinandersetzung einzumischen.

Passepartout fing ein paar Worte des Streckenwärters auf. »Nein, Sie kommen auf gar keinen Fall hinüber«, sagte der Mann. »Die Brücke von Medicine Bow ist beschädigt und würde unter dem schweren Zug endgültig zusammenbrechen.«

Besagte Brücke war eine Hängekonstruktion über einem Wildbach. Bis dorthin war es noch etwa eine Meile. Der Streckenwärter war überzeugt, dass die Brücke in aller Kürze zusammenbrechen musste; mehrere Halteseile seien schon gerissen und die Benutzung schien unmöglich. Der Mann übertrieb sicher nicht, wenn er die Situation so schwarz malte. Man musste außerdem bedenken, dass die Amerikaner eher zu sorglos als zu vorsichtig sind. Also tat man gut daran, seine Warnung ernst zu nehmen.

Passepartout erstarrte. Er knirschte mit den Zähnen und wagte nicht, seinem Herrn die Wahrheit zu sagen.

»Na, hören Sie mal«, schrie der Oberst, »sollen wir vielleicht hier warten, bis wir im Schnee Wurzel geschlagen haben?«

»Die Station von Omaha ist schon unterrichtet worden, Herr Oberst«, sagte der Zugführer. »Man wird uns einen Zug entgegenschicken, aber der kann kaum vor 6 Uhr in Medicine Bow eintreffen.«

»Sechs Uhr«, rief Passepartout entsetzt.

»Eher bestimmt nicht«, bestätigte der Zugführer noch einmal. »Aber wir brauchen die Zwischenzeit ohnehin, um zu Fuß zur Station zu gehen.«

»Zu Fuß!«, tönte es von allen Seiten.

»Wie weit ist es denn bis zu dieser Station?«, fragte einer der Reisenden.

»Zwölf Meilen, wenn wir erst den Fluss überquert haben.«

»Zwölf Meilen, noch dazu im Schnee!«, rief Stamp W. Proctor.

Der Oberst begann wilde Verwünschungen auszustoßen. Er beschimpfte die Eisenbahngesellschaft und den Zugführer und der wütende Passepartout war nahe daran, in sein Lied einzustimmen. Hier war ein Hindernis, vor dem die Macht der Banknoten seines Herrn versagte.

Nach und nach erregten sich alle Fahrgäste des Zuges über den Zwischenfall. Nicht nur, dass man sich verspätete; viel schwerer wog die Aussicht, fast fünfzehn Meilen zu Fuß durch die schneebedeckte Ebene wandern zu müssen. Im ganzen Zug hörte man erregte Stimmen. Die Reisenden jammerten oder fluchten. Nur einer blieb ruhig; Phileas Fogg war so in sein Spiel versunken, dass er die Vorgänge draußen einfach nicht wahrnahm.

Passepartout stand nun vor der Aufgabe, seinem Herrn Bericht zu erstatten. Mit hängendem Kopf ging er zu Mr. Foggs Wagen zurück, aber noch ehe er eingestiegen war, hörte er, wie der Lokomotivführer, ein waschechter Yankee namens Forster, einen Vorschlag machte.

»Meine Herren«, rief der Mann mit erhobener Stimme, »ich wüsste noch ein Mittel, um über die Brücke zu kommen.«

»Über die Brücke?«, wiederholte einer der Reisenden.

»Über die Brücke.«

»Mit diesem Zug hier?«, fragte der Oberst.

»Mit unserem Zug.«

Passepartout war stehen geblieben, um auch nicht ein Wort des Lokomotivführers zu verpassen.

»Aber die Brücke soll doch kurz vor dem Einsturz stehen!«, warf der Zugführer ein.

»Und wenn schon!«, antwortete Forster. »Wenn wir den Zug mit Höchstgeschwindigkeit über die Brücke jagen, könnten wir es schaffen.«

»Donnerschlag!«, entfuhr es Passepartout.

Einige Reisende begeisterten sich sofort für diesen Plan. Am meisten war der Oberst Proctor davon eingenommen. Der alte Hitzkopf fand sogleich, der Vorschlag sei durchaus vernünftig, und er wusste auch gleich zu erzählen, dass die Ingenieure ohnehin früher einmal geplant hätten, Eisenbahnzüge mit rasender Geschwindigkeit über die Flussläufe springen zu lassen und die Brücken einzusparen.

Um es kurz zu machen: Alle Reisenden stimmten schließlich für den Vorschlag des Lokomotivführers.

»Unsere Chancen stehen fünfzig zu fünfzig«, meinte ein Fahrgast.

»Sechzig zu vierzig«, behauptete ein Zweiter.

»Achtzig! ... achtzig zu zwanzig!«

Passepartout bekam es mit der Angst zu tun. Er war zwar bereit, allerlei zu wagen, um über den Medicine Creek hinüberzukommen, aber der Plan des Lokomotivführers war ihm doch allzu »amerikanisch«. Außerdem war ihm eine viel einfachere Lösung eingefallen. Unbegreiflich, dass noch niemand an diese zweite Möglichkeit gedacht hatte.

»Mein Herr«, sagte er zu einem Reisenden, der ihm den Rücken zukehrte, »der Vorschlag des Lokomotivführers kommt mir doch ein wenig gewagt vor. Ich hätte...«

»Achtzig zu zwanzig«, sagte der Angesprochene und drehte sich nicht einmal zu Passepartout um.

»Gewiss«, erwiderte Passepartout und versuchte es mit einem anderen Fahrgast. »Aber überlegen Sie doch einmal, man müsste doch nur...«

»Überlegen? Wozu!«, sagte der Herr achselzuckend. »Der Lokomotivführer ist doch überzeugt, dass wir es schaffen.«

»Das bezweifle ich ja gar nicht«, begann Passepartout zum dritten Mal. »Natürlich kommen wir hinüber, aber wäre es nicht klüger...«

»Höre ich richtig? Klüger!«, schrie Oberst Proctor. Er hatte Passepartouts Worte zufällig aufgefangen und geriet außer sich. »Mit Höchstgeschwindigkeit machen wir das, verstanden? Mit Höchstgeschwindigkeit!«

»Ich weiß, natürlich verstehe ich...«, stammelte Passepartout immer wieder. »Aber wenn Sie das Wort ›klüger‹ so sehr stört, könnten wir auch ›natürlicher‹ sagen...«

Wieder brachte er den Satz nicht zu Ende.

»Wer? Was? Wie denn? Was hat der komische Kerl bloß mit seinem ›natürlich‹?« Die Reisenden konnten sich gar nicht beruhigen und der arme Passepartout sah ein, dass er sich kein Gehör verschaffen konnte.

»Sie haben wohl Angst?«, höhnte der Oberst.

»Ich und Angst?«, schrie Passepartout. »Meinetwegen! Ich werde Ihnen beweisen, dass ein Franzose nicht weniger amerikanisch ist als Sie selbst.«

»Alles einsteigen!«, rief der Zugführer.

»Das ist alles, was ihnen einfällt! Einsteigen! Sofort!« Passepartout war empört und murmelte: »Die können mich aber nicht daran hindern, meinen Plan für natürlicher zu halten. Warum nicht erst die Reisenden zu Fuß über die Brücke schicken und den Zug leer folgen lassen? Aber niemand war da, um diesen klugen Vorschlag zu würdigen. Ob man ihn befolgt hätte, ist ohnehin sehr fraglich.

Die Fahrgäste hatten sich in die Wagen zurückbegeben. Auch Passepartout saß wieder auf seinem Platz. Er ließ kein Wort über die jüngsten Ereignisse verlauten und die Whistspieler waren nach wie vor ins Spiel versunken.

Gleich darauf hörte man ein schrilles Pfeifensignal. Der Lokomotivführer hatte auf Rückwärtsgang geschaltet und wie ein Springer, der Anlauf nehmen muss, rollte die Lokomotive fast eine Meile zurück. Wieder gab es ein gellendes Signal und der Zug fuhr vorwärts: Er wurde schneller und schneller, so schnell, dass einem angst und bange werden musste. Aus der Lokomotive drang nur noch ein lang gezogener ohrenbetäubender Pfeifton; die Kolben machten zwanzig Stöße in der Sekunde, die Radachsen begannen in den Schmieröllagern zu rauchen. Der Zug raste jetzt mit einer Geschwindigkeit von 100 Meilen pro Stunde und die Reisenden spürten, dass die Räder kaum noch die Schienen berührten. Die hohe Geschwindigkeit hob das Gewicht des Zuges auf.

Und das Wagnis gelang! Es ging blitzschnell. Niemand hatte die Brücke überhaupt wahrgenommen! Der Zug war, fast möchte man sagen, von einem Ufer zum anderen gesprungen! Erst fünf Meilen jenseits der Bahnstation gelang es dem Lokomotivführer, die Geschwindigkeit zu drosseln.

Unmittelbar hinter dem durchjagenden Zug aber waren die Trümmer der Brücke mit lautem Getöse in die reißenden Gewässer des Medicine Bow gestürzt.

Jules Verne, *Können Züge fliegen?* / in: Jules Verne, Reise um die Erde in 80 Tagen. Aus dem Französischen von Gisela Geisler.
© 1968 Büchergilde Gutenberg, Frankfurt am Main und Wien
Dieses Buch ist bei Arena lieferbar.

Henry Winterfeld

Die Eisenbahn im Land der kleinen Menschen

Mit ihrem Schlauchboot geraten Ralph, Peggy und Jim in einen plötzlich auftretenden Sturm, der sie auf das offene Meer hinaustreibt. Als sie wieder zu sich kommen, sind sie auf einer Insel gelandet. Bei näherer Erkundung entpuppt sich diese Insel als ein modernes Liliputanien. Alles, was die drei aus ihrer eigenen Welt kennen, finden sie hier wieder – nur in ganz winziger Form.

»Es ist die Rettung«, erklärte Ralph ihnen. »Wir gehn einfach auf den Schienen nach Plips. Ich hab vorhin gesehn, sie gehn über den Fluss weg direkt nach Plips rein.«

»Au, fein!«, rief Jim. Er wollte schon immer mal auf Eisenbahnschienen langlaufen.

»Ist das nicht verboten?«, fragte Peggy besorgt.

»Das ist Jacke wie Hose«, sagte Ralph. »Wir sind in einer Notlage. Anders kommen wir nicht weiter.« Ihm war jetzt auch schon alles egal.

»Aber was machen wir, wenn ein Zug kommt?«, fragte Jim.

»Den sehn wir doch schon von weitem«, sagte Ralph. »Jetzt ist es mal gut, dass wir Riesen sind.«

Die Eisenbahnstrecke war mehrgleisig und jeder hatte ein Gleis für sich. Sie kamen zuerst auch rasch vorwärts, aber nach einer Weile fingen die dünnen, harten Schienen unter ihren Füßen derartig an zu drücken, dass sie keinen Schritt mehr weiterkonnten. Sie bedauerten es jetzt sehr, dass sie nur die weichen Tennisschuhe anhatten. Zwischen den Schienen konnten sie erst recht nicht gehen, wegen der kleinen, spitzen Schottersteine. Die piksten wie Glassplitter.

Peggy warf sich am Waldrand hin und rief schluchzend: »Ich mag nicht mehr!«

Jim setzte sich auf einen umgestürzten Baumstamm, zog wieder seine Schuhe aus und starrte wütend auf seine Fußsohlen. Sie hatten feuerrote Streifen. »Meine Füße sind jetzt völlig kaputt«, jammerte er. Ralph war auch erschöpft. Er nahm seinen Helm ab und fächelte sich Luft zu. Trotz des bedeckten Himmels war es sehr schwül. »Der Kuckuck hole das ganze Liliput!«, murmelte er. Irgendwo in der Ferne tutete eine Lokomotive und er achtete anfangs nicht drauf. Aber plötzlich stieg er auf die untersten Äste eines Baumes und schaute nach dem Zug aus. »Es kommt ein Zug, der nach Plips fährt!«, schrie er.

Peggy setzte sich widerstrebend auf. »Wir sind doch gar nicht mehr auf den Schienen«, sagte sie erstaunt.

Ralph sprang von dem Baum runter. »Wisst ihr was?«, rief er aufgeregt.

»Nein«, sagten Peggy und Jim.

»Wir halten den Zug an und bitten den Schaffner uns mitzunehmen.«

Peggy und Jim waren baff.

»Aber in die kleinen Wagen passen wir doch gar nicht rein«, sagte Peggy verdattert.

»Rein nicht, aber *rauf*!«, schrie Ralph entzückt.

Peggy klapperte mit den Augendeckeln. »Auf die Dächer, meinst du?«

»Ja, natürlich«, sagte Ralph strahlend. »Das ist das Ei des Kolumbus. Anders geht's nicht. Wir müssen nach Plips. Auf Biegen und Brechen.«

»Halten die Wagen uns denn aus?«, fragte Jim.

»Bestimmt«, sagte Ralph. »Sie sehn ganz solide aus. Sie sind auch gar nicht *so* klein.«

»O ja!«, rief Peggy erfreut. »Tante Cornelia hat mir erzählt, ihr Schwager ist ungeheuer reich. Er hat eine kleine Modelleisenbahn auf seiner Farm. Wenn Leute ihn besuchen, fährt er sie immer damit spazieren. Sie sitzen auch oben auf den Dächern.«

»Junge!«, schrie Jim. »Das ist fabelhaft!«

»Ich hab auch mal eine Fotografie in einer Illustrierten gesehn von so einer Modelleisenbahn«, sagte Ralph. »Da saßen auch Leute drauf. Sogar Erwachsene. Die Wagen waren nicht größer als die, die wir vorhin gesehen haben.«

»Glaubst du, dass der Schaffner uns mitnehmen wird?«, fragte Peggy.

»Er *muss*«, meinte Ralph entschlossen. »Wir werden ihn sehr bitten. Wir sagen ihm, dass wir sonst verhungern. Das wird er verstehn.«

»O weh!«, sagte Peggy. »Eine Liliputeisenbahn ist aber eine richtige Eisenbahn. Wir müssen bestimmt Fahrkarten kaufen und wir haben doch kein Geld.«

»Hm!«, brummte Ralph verstimmt. Er hatte mal wieder nicht ans Bezahlen gedacht.

»Vielleicht können wir es schuldig bleiben«, meinte Jim. Er war sehr enttäuscht. Er wäre so gern mit der kleinen Eisenbahn gefahren.

Ralph schüttelte niedergeschlagen den Kopf. »Eisenbahnen kann man nichts schuldig bleiben«, sagte er.

Inzwischen war der Zug näher gekommen und die Kinder konnten schon die Räder rattern hören und sahen auch eine Rauchfahne über den Baumwipfeln schweben. Gleich darauf bog eine altmodische Dampflokomotive um eine Kurve und immer mehr Wagen tauchten hinter ihr auf.

»Hurra!«, brüllte Ralph. »Es ist ein Güterzug! Der kostet nichts!«

Die Kinder stellten sich auf die Schienen und winkten. Der Miniaturzug fuhr rasch auf sie zu, als ob er sie gar nicht bemerkt hätte, und sie wollten schon beiseite springen, da kreischten die Bremsen, dass die Funken stoben, und er hielt mit einem Ruck an. Kaum stand er, sprang rechts aus der Lokomotive der Lokomotivführer raus, links der Heizer, der eine raste rechts in den Wald, der andere links, und weg waren sie. Ganz hinten, vom letzten Wagen, sprang der Bremser runter und verschwand auch wie ein Blitz. Das war so rasch gegangen, dass die Kinder nicht einmal piep hätten sagen können.

»Herr Lokomotivführer! Herr Lokomotivführer!«, schrie Peggy. »Kommen Sie doch, bitte, bitte, zurück!«

Aber sie hätte ebenso gut hinter einer Maus herrufen können, sie möchte zurückkommen. Der Lokomotivführer floh durch den Wald, als ob ein Dinosaurier hinter ihm herjagte.

»Ein Lokomotivführer sollte doch keine Angst haben«, sagte Peggy, tief enttäuscht.

»Das hätt ich auch nicht von ihm erwartet«, murmelte Ralph niedergeschlagen.

»Er hat vielleicht noch nie einen Riesen gesehn«, meinte Jim.

»Ich könnte noch mal rufen«, schlug Peggy vor.

»Das hat gar keinen Zweck«, knurrte Ralph. »Der hört doch nicht auf zu rennen.«

»Soll ich ihn einfangen?«, fragte Jim sprungbereit.

»Halt den Mund!«, schnauzte Ralph ihn an. »Liliputaner sind doch keine Mäuse!«

Sie schwiegen ratlos. Über ihnen dröhnte es wieder, als ob zwanzig Hubschrauber herumflögen. Wahrscheinlich suchten sie die Kinder, konnten sie aber nicht finden, weil die Wolken so niedrig hingen.

Ralph schielte nervös nach oben. Dann starrte er grübelnd den Zug an, der auf dem mittleren Gleis stand. Die Lokomotive zischte und dampfte, als ob sie nur darauf wartete, gleich wieder abzufahren. Jim ging hin, bückte sich und guckte neugierig in die Führerkabine rein. Sie war hinten offen, da sie mit dem Kohlentender eine Einheit bildete, und er konnte die vielen Hebel, Ventile und Instrumente bewundern. Wegen Ralph traute er sich aber nicht, was anzufassen.

»Sie ist herrlich!«, rief er. »Ich hatte auch mal eine Dampflokomotive.«

»Kinder!«, rief Ralph plötzlich aufgeregt. »Haltet die Luft an!«

»Wieso?«, riefen Peggy und Jim gespannt.

»Wir fahren einfach selber mit dem Zug weiter.«

»W… was?«, stotterte Peggy überwältigt.

Jim machte einen Freudensprung. »Hurra! *Ich* fahre!«

»Nein, *ich* fahre!«, sagte Ralph grimmig. »Wir

müssen sehr vorsichtig sein, damit nichts passiert. Es ist eine kitzlige Sache. Aber bis Plips ist es ja nicht mehr weit. Wir können hier nicht elendiglich umkommen, kurz vor dem Ziel. Wer nichts wagt, gewinnt nichts.«

»Weißt du denn, wie man mit einer Lokomotive fährt?«, fragte Peggy.

»Nein«, gestand Ralph. »Aber es kann nicht so schwer sein mit der da. Sie ist doch nur klein. Beinahe wie ein Spielzeug. Wir müssen es versuchen, sonst sind wir aufgeschmissen.«

Das sah Peggy ein.

»Ich hab mir auch schon ausgetüftelt, wie wir's machen.« Er musterte den Zug noch einmal eingehend. Hinter dem Kohlentender kam eine lange Reihe von Güterwagen. Sie waren ungefähr dreißig Zentimeter hoch und fünfzig Zentimeter lang. Die Dächer waren fast so breit wie eine Treppenstufe. »Hört jetzt gut zu! Ich lege mich hinter dem Tender auf die ersten drei Wagen, damit ich an die Hebel in der Lokomotive rankann. Ihr setzt euch auf die Dächer. Jim sitzt hinter mir, dann du, Peggy! Du musst auf ihn aufpassen, dass er keine Dummheiten macht!«

»Ich mache keine Dummheiten«, beteuerte Jim, aufgeregt zappelnd.

»Wehe dir! Ich kann mich nicht um euch kümmern. Ich muss immer auf die Schienen gucken, ob die Strecke auch frei ist.«

»Was machen wir, wenn ein Tunnel kommt oder eine Brücke über die Schienen weg?«, fragte Peggy besorgt.

»Tunnel kommen nicht mehr«, sagte Ralph, »es sind doch hier keine Hügel in der Gegend. Wenn eine Brücke kommt, halten wir an, steigen ab, schieben den Zug drunter durch und steigen auf der andern Seite wieder auf.«

»Aber es kann uns ein Zug entgegenkommen«, warf Peggy ein. Sie war noch immer nicht beruhigt.

»Hüpfendes Känguru!«, rief Ralph erzürnt zurück. »Willst du hier sitzen bleiben, bis man dir Bomben auf den Kopf wirft?« Er guckte wieder misstrauisch zu den Wolken rauf. Die Hubschrauber waren zwar weg, aber er traute dem Frieden nicht.

»Nein«, rief Peggy entsetzt.

»Na, also! Ein Zug, der uns entgegenkommt, fährt auf dem andern Gleis. Außerdem seh ich ihn doch rechtzeitig. Nun aber los! Es ist höchste Eisenbahn, dass wir abfahren!« Er legte sich bäuchlings auf die ersten drei Wagen. Sie waren alle drei gerade so lang wie er. Er konnte über die Lokomotive weg die Schienen davor sehen, aber nicht die Hebel in der Führerkabine, weil er die Kohlen vor der Nase hatte. Er griff mit den Armen um den Tender rum und steckte die

Hände in die Kabine. Jetzt konnte er mit den Fingern die Hebel fühlen. »Wie gibt man Gas, Jim?«, rief er.

Peggy und Jim hatten sich hinter ihm auf die Dächer gesetzt.

»Das ist ein ganz großer Hebel. Den musst du nach rechts schieben!«, rief Jim.

Er wusste mal wieder Bescheid. »Aber erst musst du die Bremse lösen!«

»Das kann ich mir denken!«, rief Ralph gereizt. Den großen Hebel hatte er gefunden. »Aber was ist die Bremse?«

»Das ist ein kleiner Hebel oder ein kleines Rädchen, rechts oder links.«

»Oh, du mein Karnickel!«, stöhnte Ralph. »Es gibt eine Million kleine Hebel und Rädchen!« Er tastete herum und drehte mal hier und mal da.

Plötzlich seufzte es am ganzen Zug lang, als ob jemand laut ausatmete, und Jim rief: »Hurra! Das war die Luftbremse! Schieb jetzt den großen Hebel nach rechts!«

Ralph schob den großen Hebel ganz nach rechts und der Zug fuhr ruckend und stoßend ab. Jim kippte hintenüber auf Peggy drauf und beide fielen von den Dächern runter auf die Schienen.

»Hilfe!«, schrie Peggy. Der Zug fuhr ohne sie davon.

»Ralph!! Ralph!!«, brüllte Jim.

Ralph drehte sich um. »Was, zum Kuckuck, fällt

euch denn ein?«, rief er verblüfft. »Warum sitzt ihr nicht auf den Dächern?«

»Wir sind runtergefallen«, schrie Peggy. »Du bist so plötzlich abgefahren.«

»Halt doch an!«, schrie Jim.

Der Zug fuhr immer weiter. »Ich kann nicht«, rief Ralph, »ich finde die Bremse nicht wieder.«

Peggy und Jim rannten hinter ihm her.

»Schieb doch den großen Hebel zurück!«, schrie Jim wütend. Die spitzen Schottersteine stachen durch seine dünnen Schuhsohlen durch.

Ralph riss den Hebel zurück und der Zug wurde langsamer. »Springt auf!«

Peggy und Jim hatten ihn eingeholt und schwangen sich auf die Dächer.

»Puh!«, ächzte Peggy. »Du musst aber besser aufpassen!«

»Haltet euch an den Seiten fest! Vielleicht muss ich mal rasch bremsen.«

»Bitte nicht!«, rief Peggy beschwörend.

»Wie willst du denn bremsen, wenn du die Bremse nicht findest?«, rief Jim.

»Ich weiß schon!«, rief Ralph. »Ich bremse einfach mit den Füßen.« Er zeigte es ihnen, indem er die Beine runterhängen ließ und den Zug wie einen Rodelschlitten mit den Füßen bremste. Der Zug bremste tatsächlich ein bisschen.

»Das ist sehr gut«, sagte Peggy befriedigt.

Ralph schob den großen Hebel wieder nach rechts und sie fuhren rascher.

»Es ist jetzt sehr nett«, rief Peggy lobend. Die Haare wehten ihr um die Ohren und sie stülpte sich ihre Mütze fester auf den Kopf.

Jim strahlte vor Glück. »Junge, das ist ganz groß!«, rief er.

Die Telegrafenstangen huschten vorbei; die Räder machten klick, klick, klick und die Lokomotive puffte geschäftig. Aus dem Schornstein blies ihnen eine dünne Rauchfahne ins Gesicht, aber das war nicht zu ändern und störte sie nicht.

Peggy war jetzt sehr vergnügt, obwohl sie so müde und hungrig war. Die Fahrt mit der kleinen Eisenbahn machte ihr großen Spaß. Ihr fiel auch ein Liedchen ein, das ihre Großmutter Gertrud immer gesungen hatte, und sie trällerte munter drauflos:

> *»Auf den schwäb'schen Eisenbahnen*
> *gibt es viele Haltstationen,*
> *Stuttgart, Ulm und Biberach,*
> *trulla, trulla, trullala.«*

Sie verstummte, weil irgendwo die Sirenen wieder losgingen. »Die Sirenen heulen wieder!«, rief sie beunruhigt.

»Lass sie heulen!«, rief Ralph verbissen.

Als sie aus dem Wald rauskamen, fuhren sie etwas bergauf. Der Damm wurde immer höher und sie schauten von oben auf ein Gewirr von Straßen, Plätzen und Häuserdächern runter. Das musste ein Vorort von Plips sein. Die Straßen waren verödet. Das Pflaster glänzte nass, als ob es vor kurzem geregnet hätte. Überall waren wieder die üblichen Kanäle, aber sie waren jetzt voll Wasser.

»Kinder!«, rief Ralph, die Sirenen übertönend. »Ich weiß endlich, wozu die Kanäle sind.«

»Wozu?«, rief Peggy.

»Damit das Regenwasser schnell abläuft. Klar wie Kloßbrühe. Die Liliputaner kommen doch sonst durch die Pfützen nicht durch.«

»O ja!«, rief Peggy. »Wenn sie in eine Pfütze fallen, ertrinken sie. Sie sind doch so winzig.«

Der Damm senkte sich, es ging bergab und gleich darauf rollten sie zu ebener Erde dahin. Rechts und links waren Drahtzäune, und wo Straßen die Schienen kreuzten, waren Bahnwärterhäuschen und Schranken. Die Schranken waren alle runtergelassen. Dahinter standen lange Schlangen von Autos, alle voll gestopft mit Liliputanern und hoch beladen mit

Gepäck. Es waren wahrscheinlich Flüchtlinge, die auf die Autobahn zustrebten. Sie warteten darauf, dass die Schranken wieder hochgingen. Irgendjemand musste geahnt haben, dass die Kinder kommen würden, und die Schranken rechtzeitig runtergelassen haben. Aber vielleicht waren sie zufälligerweise ganz fahrplanmäßig. Ralph gab mehr Dampf und sie flogen nur so an den Schranken vorbei. Peggy hätte den Leuten gerne zugewinkt, doch sie erinnerte sich daran, dass Ralph es verboten hatte.

»Wir haben Glück, dass die Schranken runter sind«, rief Ralph erfreut.

»Die Liliputaner haben Glück«, rief Jim grinsend.

Sie legten sich schief in eine Kurve, und als sie in die Gerade einbogen, sahen sie plötzlich eine Station auf sich zukommen. Es war eine offene Vorstadtstation mit zwei Bahnsteigen zu beiden Seiten der Schienen.

Ralph entdeckte erschrocken, dass die Bahnsteige mit Leuten, Koffern, Bündeln, Kisten und Kästen überfüllt waren. Das mussten auch Flüchtlinge sein, die auf einen Personenzug warteten. Die Station kam rasch immer näher und näher und Ralph schrie: »Jim! Jim! Wo ist die Dampfsirene? Wir müssen die Leute warnen!«

»Ein Hebel unterm Dach!«, schrie Jim. »Zieh dran!«

Ralph zog fieberhaft an allen möglichen Hebeln, aber vergebens. »Jim, tute!«, schrie er verzweifelt.

»Wie kann ich denn das!«, schrie Jim. »Ich hab doch nicht so einen langen Arm.«

»Du sollst selber tuten, mit dem Mund!«, brüllte Ralph wütend.

»Tut! Tutu! Tut!«, tutete Jim begeistert drauflos und da sausten sie auch schon an den Bahnsteigen lang. Die Leute schrien und stoben auseinander. Die meisten wollten sich alle auf einmal durch die Ausgänge quetschen. Andere flüchteten in die Wartesäle. Mehrere Männer schossen kopfüber in einen Zeitungsstand rein und alle Zeitungen fielen auf den Bahnsteig. Viele Leute duckten sich hinter die Koffer und Bündel und einige warfen sich einfach der Länge nach hin und stellten sich tot. Nur ein Mann blieb aufrecht stehen. Er hatte eine weiße Uniformmütze auf, winkte wild mit einem Stab und blies unentwegt gellend in eine Trillerpfeife. Aber die Kinder hörten es gar nicht. Die Sirenen heulten noch immer ringsum. »Tut! Tut! Tut!«, brüllte Jim wie verrückt, dass er ganz rot anlief im Gesicht, und Peggy schrie in einem fort: »Wir tun euch nichts! Wir tun euch nichts!«

Ralph hatte endlich eine Klingel oder etwas Ähnliches zu fassen bekommen und klingelte: »Bim! Bim! Bim!«, dass es ihm in den Ohren dröhnte.

Als die Station schließlich hinter ihnen versank, atmeten sie sehr erleichtert auf.

»Großer Bumerang!«, rief Ralph wie von einem Alpdrücken befreit. »Das ist noch gerade gut gegangen!«

»Ich habe auch fabelhaft getutet!«, schrie Jim.

»Hurra, da ist Plips!«, jubelte Ralph. Sie rasten auf eine Eisenbahnbrücke zu, die den Fluss überquerte. Am andern Ufer wuchsen die Häuser und Türme von Plips hoch.

»Hält die Brücke uns auch aus?«, rief Peggy angstvoll.

»Sie *muss*!«, schrie Ralph und biss die Zähne zusammen.

Peggy machte die Augen zu und im gleichen Augenblick polterten sie über die Brücke weg. Geschwungene Eisenträger flitzten an ihnen vorbei, unter ihnen ächzte und schwankte es, aber dann waren sie auch schon auf der anderen Seite auf einem hohen, breiten Damm mit vielen Gleisen, Weichen und Signalen. Ralph starrte krampfhaft auf die Schienen vor sich, die unter der Lokomotive wegschossen; denn sie ratterten über ungezählte Weichen, wurden immer mehr nach links abgezweigt, bis zum allerletzten Gleis, wo der Bahndamm steil zu einer Straße abfiel.

»Achtung!«, hörte er Jim brüllen. Er schaute auf

und entdeckte entsetzt, dass sie auf eine Bahnhofshalle zurasten. Sie hatte ein gewölbtes Dach und vorne war eine Fassade mit vielen kleinen Fenstern. »Hauptbahnhof Plips« stand drauf. Über die ganze Breite der Einfahrt weg ruhte ein Querträger auf Pfeilern und Ralph wusste sofort, dass sie da nicht drunterpassten.

»Haltet euch fest!«, schrie er.
»Bremse!«, kreischte Peggy.
»Ich kann nicht«, schrie Ralph.
»Bremse doch mit den Füßen!«, brüllte Jim.
»Das kann ich auch nicht!«, schrie Ralph.

Dicht links war ein Drahtzaun, rechts auf dem Nebengleis stand ein leerer Personenzug und er konnte die Beine nicht runterhängen lassen, um mit den Füßen zu bremsen. Er riss den großen Hebel nach links, aber es war zu spät, der Bahnhof war schon über ihnen.

Ralph senkte blitzschnell den Kopf und stieß wie ein Rammbock gegen den Querträger. Sein Tropenhelm wurde ihm bis über die Ohren gestülpt, dicke Dampfwolken umzischten ihn, aber der Zug stand. Doch Ralph blieb so liegen, bis er endlich die Bremse wieder gefunden hatte. Er wollte den Zug nicht führerlos in den Bahnhof rollen lassen. Erst als am ganzen Zug lang die Bremsen knarrten, richtete er sich vorsichtig auf und probierte aus, ob der Zug auch stehen blieb. Dann riss er sich den Helm ab und rief beglückt: »Wir haben's geschafft!« Er drehte sich triumphierend um, aber Peggy und Jim waren verschwunden.

»Peggy! Jim!«, rief er fassungslos. »Wo seid ihr?«

»Hier!«, piepste es kläglich.

Peggy lag unten neben der steilen Böschung des Eisenbahndammes in einem Gebüsch. Nicht weit davon lag Jim. Ralph sprang mit einem Satz den Damm runter. »Habt ihr euch verletzt?«, fragte er erschrocken.

»Nein«, sagte Peggy und setzte sich auf. »Es pikst nur.« Sie war in ein Beet mit lauter winzigen Rosenbüschen gefallen.

Jim schoss hoch. »Junge!«, sagte er. »War *das* eine Fahrt!« Dann humpelte er hinter seinem Tropenhelm her, der in die Mitte der Straße gerollt war.

Ralph war selig, dass den beiden nichts passiert war. »Wie seid ihr nur hierher gekommen?«, fragte er staunend.

»Als du mit deinem Kopf gegen den Bahnhof gestoßen bist, sind wir über den Zaun weggeflogen und die Böschung runtergekugelt«, sagte Peggy, schwach lächelnd. Er half ihr auf und klopfte sie ab. Sie war übersät mit winzigen Rosenblättern. »Irgendwie musste ich doch bremsen«, sagte er, sich entschuldigend.

»Ach ja«, seufzte Peggy ergeben. »Es ging nur alles ein bisschen plötzlich.«

»Gut, dass ich meinen Tropenhelm aufhatte«, sagte Ralph, »sonst hätte ich jetzt eine Mordsbeule. Aber die Hauptsache ist, wir sind endlich in Plips.«

Henry Winterfeld, *Die Eisenbahn im Land der kleinen Menschen* / in: Henry Winterfeld, Telegramm aus Liliput.
© 1996 C. Bertelsmann Verlag, München

Geschichten-Erfinder-Wettbewerb
Geschichten-Erfinder-Wettbewerb
Geschichten-Erfinder-Wettbewerb

Habt ihr Lust, euch spannende, witzige, gruselige, abenteuerliche oder phantastische Geschichten rund ums Reisen auszudenken? Dann macht doch einfach mit beim großen Geschichten-Erfinder-Wettbewerb der Stiftung Lesen und der Deutschen Bahn. Bekannte Autorinnen und Autoren haben sich dafür Geschichtenanfänge ausgedacht, die ihr weiterschreiben könnt. Am besten macht die ganze Klasse mit. Und natürlich gibt's auch tolle Preise zu gewinnen!

Starttermin ist der 23. April 1998, also der Welttag des Buches.

Die Wettbewerbsunterlagen bekommt ihr in eurer Schule oder bei der Stiftung Lesen, Fischtorplatz 23, 55116 Mainz, Tel. 0 61 31/28 89 00.

Stiftung Lesen und Deutsche Bahn – Vom Lesen auf Reisen

Vielleicht fragt ihr euch: »Was hat denn die Bahn mit Lesen zu tun?« Oder habt ihr schon einmal vom »**Reiselesen**« gehört? Oder vom »**Lesereisen**«? »Ich lesereise heute von Frankfurt nach München.«

Warum gibt es kein Wort für das, was doch für viele Menschen selbstverständlich ist? – Weil's noch nicht alle tun?

Bahnfahren und Lesen: Völlig klar, das gehört zusammen. Wir können sagen: »Ich mache mich auf eine spannende Reise und lese dabei ein schönes Buch.«

Vielleicht ist euch oder euren Freunden im vergangenen Jahr bereits der reisende Pandabär mit seinem Rucksacktaschenbeutel in dem Wettbewerb »**Panda geht auf Reisen**« begegnet, den die Deutsche Bahn und die Stiftung Lesen gemeinsam Geschichten sammeln ließen.

In diesem Jahr haben wir für euch das Buch zusammengestellt, das ihr gerade in den Händen haltet, und den großen Geschichten-Erfinder-Wettbewerb zum

Thema »**Lesen und Reisen**« vorbereitet, der in der Schule auf euch wartet. (Sprecht doch eure Lehrer und Lehrerinnen mal darauf an! Informationen findet ihr auf Seite 125.)

Auch die hier gesammelten Geschichten haben das Reisen zum Thema. Sie wollen Lust aufs »**Lesereisen**« oder »**Reiselesen**« machen, damit es bald noch mehr Lese- und Reisefans gibt. Und darum werden wir uns auch in Zukunft noch viele tolle Ideen für Leseanregungen einfallen lassen.

Viel Spaß beim Lesen im Zug
wünschen euch nun
eure Stiftung Lesen und Deutsche Bahn